POLYGLOTT

PARIS

ON TOUR

DER AUTOR

BJÖRN STÜBEN

lebt mit seiner Familie in Paris. Er hat in Kunstgeschichte
promoviert und leitet heute Studienreisen.
Über Neuigkeiten aus dem Kulturleben in der Seine-Metropole
berichtet er in Rundfunkbeiträgen und Artikeln.
Björn Stüben ist auch Autor der POLYGLOTT on tour
Côte d'Azur und Korsika.

W0075363

Unser E-Book-Code zur elektronischen Erweiterung des
POLYGLOTT on tour. Das kostenlose E-Book enthält die im
Reiseführer aufgeführten Adressen entlang der Touren,
beispielsweise zu Essen und Trinken, Shoppen, Aktivitäten
und Hotel-Tipps. Links auf einen externen Kartendienst
vereinfachen das Auffinden dieser Adressen.

SEITENBLICK
27 Paris persönlich
80 Stadt der Liebe
88 Mode

ERSTKLASSIG
30 Pariser Hotels mit Flair
37 Pariser Brasserien
38 Kaffee und Kuchen
   in Paris
107 Kultur kostenlos
120 Die schönsten Plätze
124 Märkte mit Atmosphäre

ALLGEMEINE KARTEN
4 Übersichtskarte der
   Kapitel
52 Die Lage von Paris

STADTTEIL-KARTEN
72 Im Herzen von Paris
85 Rive Droite
94 Montmartre
102 Der Westen
112 Quartier Latin und
   Île St-Louis
119 St-Germain-des-Prés
123 Montparnasse
130 Marais
136 Der Osten
144 Ausflüge

6 TYPISCH

8 Paris ist eine Reise wert!
11 Was steckt dahinter?
12 50 Dinge, die Sie ...
159 Meine Entdeckungen
160 Checkliste Paris

20 REISEPLANUNG & ADRESSEN

22 Die Stadtviertel
   im Überblick
23 Klima & Reisezeit
23 Anreise
24 Stadtverkehr
29 Unterkunft
32 Essen & Trinken
39 Shopping
46 Am Abend
152 Infos von A–Z
155 Register & Impressum

50 LAND & LEUTE

52 Steckbrief
54 Geschichte im Überblick
57 Natur & Umwelt
57 Die Menschen
59 Kunst & Kultur
64 Feste & Veranstaltungen
158 Mini-Dolmetscher

SYMBOLE ALLGEMEIN

Erstklassig: Besondere Tipps
der Autoren

Seitenblick: Spannende
Anekdoten zum Reiseziel

Top-Highlights und
Highlights der Destination

66 TOUREN & SEHENSWERTES

68 IM HERZEN VON PARIS
70 Tour **1** Von Notre-Dame zum Louvre

82 RIVE DROITE & MONTMARTRE
84 Tour **2** Zwischen Louvre und Opéra
90 Tour **3** Passagen-spaziergang
92 Tour **4** Auf dem Montmartre

97 DER WESTEN
99 Tour **5** Auf den Champs-Élysées
103 Tour **6** Auf den Spuren der Weltausstellungen
106 Tour **7** Im Viertel des Invalidendoms

109 RIVE GAUCHE & MONTPARNASSE
111 Tour **8** Unterwegs im Quartier Latin
114 Tour **9** Von der Place Monge zur Île St-Louis
116 Tour **10** Durch St-Germain-des Prés
122 Tour **11** Am Montparnasse

126 MARAIS UND DER OSTEN
128 Tour **12** Centre Pompidou bis Gare de Lyon
134 Tour **13** Entlang den Kanälen
138 Tour **14** Zum Friedhof Père Lachaise

140 AUSFLÜGE & EXTRA-TOUREN
141 Versailles
141 Basilique de St-Denis
142 Villa Savoye von Le Corbusier
143 La Défense
144 Château de Monte-Cristo
145 Disneyland Paris
145 Giverny
147 Tour **15** Kurzes Shopping-wochenende in Paris
148 Tour **16** Paris mit dem Linienschiff erkunden
150 Tour **17** Streifzug durch Pariser Künstler- und Schriftstellerhäuser

	TOUR-SYMBOLE		**PREIS-SYMBOLE**	
1	Die POLYGLOTT-Touren		Hotel DZ	Restaurant
6	Stationen einer Tour	€	bis 120 EUR	bis 30 EUR
1	Zwischenstopp Essen & Trinken	€€	120 bis 300 EUR	30 bis 60 EUR
A1	Die Koordinate verweist auf die Platzierung in der Faltkarte	€€€	über 300 EUR	über 60 EUR
a1	Platzierung Rückseite Faltkarte			

ZEICHENERKLÄRUNG DER KARTEN

	(Seite=Kapitelanfang) beschriebenes Stadtviertel
10 E h	Sehenswürdigkeiten
4	Tourenvorschlag
	Autobahn
	Schnellstraße

	Hauptstraße
	sonstige Straßen
	Fußgängerzone
	Eisenbahn
	Staatsgrenze
	Landesgrenze
	Nationalparkgrenze

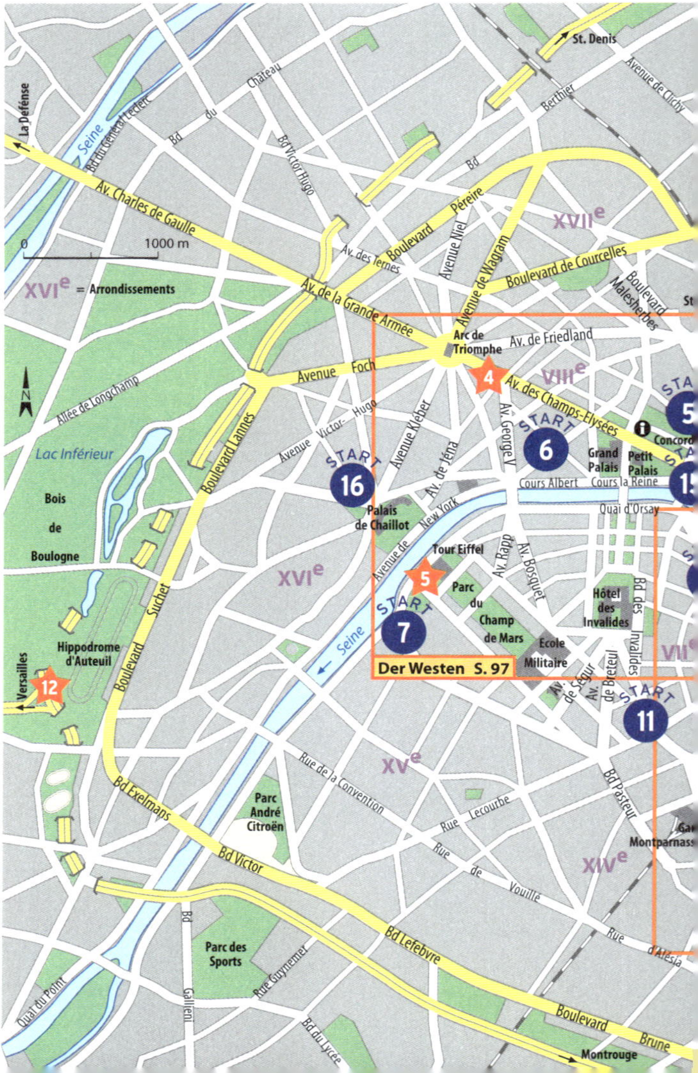

St. Denis

La Défense

Seine

Boulevard Pereire Leclerc

Château

Bd du

Bd Victor Hugo

Bd Thier

Avenue de Clichy

Av. Charles de Gaulle

Bd Victor Hugo

Bd

Pereire

Boulevard

XVIIe

Avenue Niel

Avenue de Wagram

Boulevard de Courcelles

Boulevard Malesherbes

Av. de la Grande Armée

Av. des Ternes

XVIe = Arrondissements

St

0   1000 m

Avenue   Foch

Arc de Triomphe

Av. de Friedland

VIIIe

Av. des Champs-Élysées

STA

5

Allée de Longchamp

Avenue

Victor

Hugo

Avenue Kléber

Av. d'Iéna

Av. George V

START

6

Grand Palais

Petit Palais

Concorde

STA

15

Lac Inférieur

Boulevard Lannes

Avenue

Av. du

New York

Cours Albert

Cours la Reine

Quai d'Orsay

START

16

Palais de Chaillot

Bois de Boulogne

Suchet

Av. de

Tour Eiffel

Av. Rapp

Av. Bosquet

Seine

START

5

Parc du Champ de Mars

Hôtel des Invalides

Bd des Invalides

Hippodrome d'Auteuil

Boulevard

START

7

Der Westen S. 97

École Militaire

Av. de Suffren

Av. de Breteuil

VIIe

Versailles

12

START

11

XVIe

Bd Exelmans

Parc André Citroën

Bd Victor

Rue de la Convention

XVe

Rue Lecourbe

Rue

de

Vouillé

Bd Pasteur

Montparnass

Gar

XIVe

Parc des Sports

Rue Gutenberg

Rue

Rue

d'Alésia

Quai du Point

Galliéni

Bd du Lycée

Boulevard Lefebvre

Boulevard

Brune

Montrouge

Perfekte Planung > Parallel vordere Klappe aufschlagen

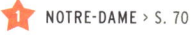

TOP-12-HIGHLIGHTS

1. NOTRE-DAME > S. 70
2. LOUVRE > S. 75
3. GALERIE VIVIENNE > S. 90
4. CHAMPS-ÉLYSÉES > S. 99
5. TOUR EIFFEL > S. 105
6. MUSÉE D'ORSAY > S. 116
7. JARDIN DU LUXEMBOURG > S. 122
8. CENTRE POMPIDOU > S. 128
9. PLACE DES VOSGES > S. 132
10. MARCHÉ D'ALIGRE > S. 133
11. FRIEDHOF PÈRE LACHAISE > S. 139
12. VERSAILLES > S. 141

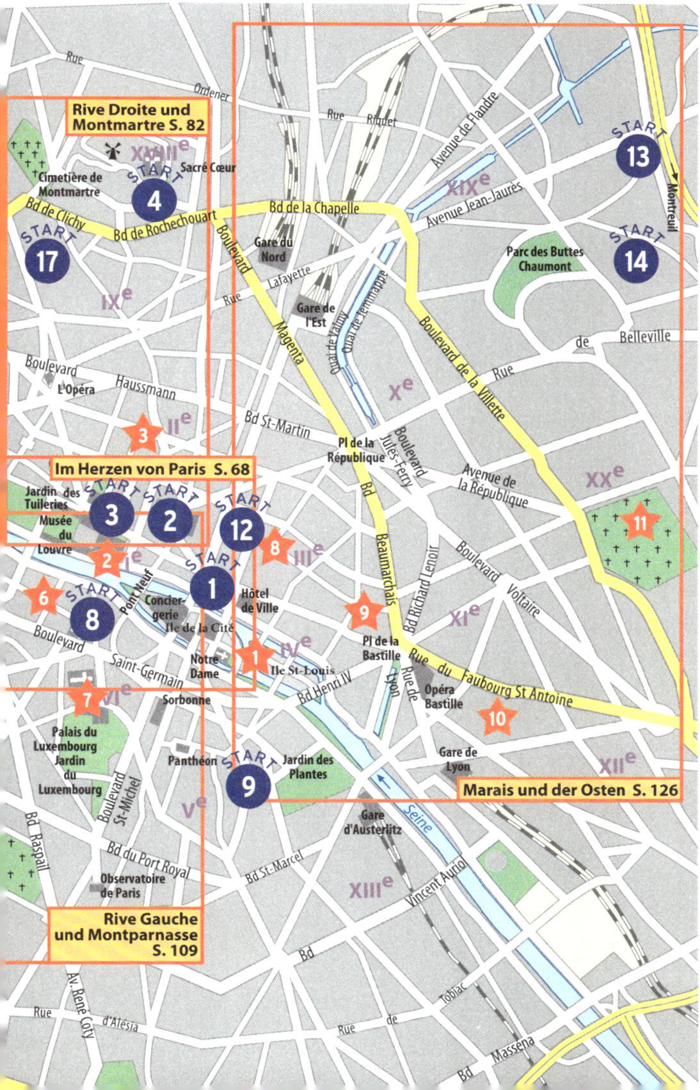

Großstadtleben an der Metrostation
Lamarck-Caulaincourt

TYPISCH

PARIS IST EINE REISE WERT!

Die Stadt der Liebe? Ohne Zweifel, aber nicht nur! Jeder, der Paris besucht, hat bereits (s)ein Bild dieser Metropole im Kopf. Die »schönste Stadt der Welt«? Hoch lebe das Klischee! Doch ich glaube, es stimmt.

BJÖRN STÜBEN
lebt mit seiner Familie in Paris. Er hat in Kunstgeschichte promoviert und leitet heute Studienreisen. Über Neuigkeiten aus dem Kulturleben in der Seine-Metropole berichtet er in Rundfunkbeiträgen und Artikeln. Björn Stüben ist auch Autor der POLYGLOTT on tour Côte d'Azur und Korsika.

Es war eine echte Mutprobe damals während der Klassenfahrt: Wer traut sich, die riesige Place de l'Étoile oberirdisch zu Fuß zu überqueren, um zum Triumphbogen in der Platzmitte, zu Napoleons Arc de Triomphe zu gelangen? Natürlich gab es auch damals schon die Unterführung, aber der Nervenkitzel, sich dem (scheinbar) chaotischen Pariser Autoverkehr, der sich hier besonders unüberschaubar im Kreis drängelte, entgegenzustellen, reizte doch zu sehr. Es funktionierte prima, soweit ich mich erinnere. Die damalige Devise: nur nicht zögern oder plötzlich stehen bleiben! Tatsächlich kalkulieren Pariser Autofahrer auch noch die waghalsigsten Fußgänger mit ein.

Im Sommer ist der Quai des Orfèvres auf der Île de la Cité ein beliebter Treffpunkt

Dennoch würde ich es heute nicht mehr wagen, auch wenn der Verkehr eigentlich nicht übermäßig zugenommen hat.

Wenn ich heute unter dem Triumphbogen stehe und mir den Verkehr ansehe, der die Champs-Élysées hinunterkriecht, würde ich gerne die Autofahrer hinter ihren Lenkrädern fragen: Merkt ihr eigentlich noch, dass ihr auf einer der grandiosesten Avenuen der Welt im Stau steht? Damit ist nicht gemeint, dass sich hier auf den Champs die nobelsten Geschäftsadressen aneinanderreihen, sondern es geht um die schnurgerade Sichtachse über

Der richtige Hut ist sicher dabei am Marché d'Aligre

die Place de la Concorde hinweg durch die Tuilerien bis hinunter zum Innenhof des Louvre – oder in der Gegenrichtung von dort bis hinauf zum Triumphbogen und weiter bis nach La Défense. Das ist schlichtweg einzigartig und überwältigend. Hier zeigt sich Paris von seiner städtebaulichen Schokoladenseite, repräsentativ und zweifellos auch etwas protzig. Aber egal wie lange man schon hier lebt, der Blick entlang dieser sogenannten Königsachse fasziniert – mich zumindest – immer wieder aufs Neue.

Zum Glück gibt es aber auch ganz andere Seiten. Oft kommt Paris recht kleinstädtisch, manchmal sogar dörflich daher. Wenn mir die mit Menschen und Autos vollgestopften Innenstadtboulevards mal wieder gehörig zusetzen, gibt's nur eins: im Quartier Amérique entspannen, wo rings um die Metrostation Rhin et Danube üppig blühende Gärten vor meist winzigen, in kleinen Gassen versteckten Reihenhäusern die Pariser Hektik schnell vergessen lassen. Oder es zieht mich direkt zur »Coulée verte«, jenem dicht begrünten, mehrere Kilometer langen Spazierweg auf den ehemaligen Eisenbahntrassen hinter der Bastille. Von dort ist es auch nicht weit bis zum Marché Aligre mit seiner alten überdachten Markthalle. Vormittags breiten sich die Marktstände bis weit hinein in die angrenzenden Straßen aus, und die Händler preisen über die Köpfe der drängelnden Passanten hinweg lautstark ihr Obst und Gemüse an – und das nicht nur auf Französisch. Hier lässt sich gut beobachten, wie multikulturell die französische Gesellschaft doch ist.

Kontrastreich ist Paris aber auch noch auf eine ganz andere Art. Wie oft habe ich schon vor dem gewaltigen Centre Pompidou gestanden und Leute klagen hören, wie scheußlich doch dieses bunte Monstrum aus Stahl und Glas sei und wie wenig es ins Pariser Stadtbild passe. Aber ist es nicht gerade

Rund um die Place Dalida zeigt sich der Montmartre von seiner ruhigeren Seite

dieser Gegensatz, der das Centre so interessant erscheinen lässt? Der Mut der Pariser Stadtplaner imponiert mir. Auch bei der Eingangspyramide des Louvre haben sie es gewagt zu provozieren und Altes mit Neuem kombiniert. Und das Musée du Quai Branly, ultramodern und geschwungen, steht beinahe direkt neben dem Pariser Wahrzeichen, dem ehrwürdigen Eiffelturm! Warum nicht? Zu seiner Zeit war auch der hypermodern – und umstritten.

Sicherlich brauche aber auch ich manchmal meine Dosis »Pariser Flair« wie aus dem Bilderbuch. Frühmorgens, am besten kurz nach Sonnenaufgang, mit dem Rad über den Pont Louis-Philippe fahren und dann eine Runde drehen auf den Quais der Île Saint-Louis, mehr braucht es dazu nicht. Und wenn ich dann noch kurz nach zwölf in einem der ganz typischen Pariser Bistros einen Platz ergattern kann, sehr gerne im »Le Rubis« in einer Seitenstrasse der Rue de Rivoli, und sich rundherum Banker in dunklen Anzügen und Handwerker aus dem Viertel dicht gedrängt an winzigen Tischen übers deftige Mittagsmenü hermachen, weiß ich, warum ich es schon so lange in Paris aushalte. Der etwas abgenutzte, da viel zu oft verwendete Begriff »Flair« ist eben doch eine Realität.

Auch wenn es verführerisch wäre – man kann in Paris natürlich nicht die ganze Zeit nur essen. Hunger überbrücke ich am besten in Museen. Und davon gibt es reichlich, vom intimen Ateliermuseum, das der Künstler gerade erst verlassen zu haben scheint, bis hin zum weltgrößten Museumstempel, dem Louvre. Aber noch immer habe ich den Eindruck, nicht alles gesehen zu haben, was es zu sehen gibt. Vielleicht gehe ich doch zu häufig ins Bistro …

WAS STECKT DAHINTER?

Die kleinen Geheimnisse sind oftmals die spannendsten. Hier werden die Geschichten hinter den Kulissen erzählt.

WAS MACHT DIE FREIHEITSSTATUE AUF EINER SEINE-INSEL?

Ihre große Schwester in der Hafeneinfahrt von New York ist zwar viermal so groß, aber auch die kleine Pariser Freiheitsstatue an der Spitze der Île aux Cygnes 📕 B5 kann sich sehen lassen. 1886 hatte Frankreich den USA zur 100-Jahr-Feier ihrer Unabhängigkeit die Kolossalstatue nach einem Entwurf des Bildhauers Frédéric Auguste Bartholdi geschenkt, drei Jahre später revanchierten sich in Paris lebende Amerikaner mit der immer noch 11,5 m hohen Kopie als Gegengabe.

WIESO STEHEN SO VIELE KAMINE AUF DEN DÄCHERN? WIRD NOCH MIT HOLZ GEHEIZT?

Ein privates Kaminfeuer in Paris zu entfachen ist heute verboten. Im 19. Jh. jedoch musste jeder Kamin einen eigenen Zug besitzen, deshalb ragen weiterhin Tausende Kamine aus der Pariser Dachlandschaft empor. Im Wohnungsinneren der Altbauten stellen die oft prächtigen Marmorkamine aber nur noch eine dekorative Kulisse dar.

WIE KONNTE EIN MONSTER AUS STAHL ZUM WAHRZEICHEN VON PARIS WERDEN?

Schon während der Errichtung des Eiffelturms zur Weltausstellung 1889 wetterten Künstler, Literaten, Musiker und selbst Architekten gegen den Bau. Lautstark plädierten sie dafür, dass der Turm nach Ausstellungsende wieder abgerissen werden müsse. Als »wirklich tragische Straßenlaterne« oder »Skelett eines Glockenturms« wurde der Bau bezeichnet. Doch Eiffel hatte vorgesorgt. Er ließ sich von Anfang an die Nutzungsrechte des Turms für 20 Jahre zusichern, hatte er doch auch ein Großteil des Projekts selbst finanziert. Vom breiten Publikum wurde das Stahlungetüm begeistert aufgenommen, und schnell spielten die Eintrittsgelder für seine Besteigung die Kosten wieder ein. Warum also eine gewinnbringende Attraktion wieder abreißen, die zudem als imposantes Wahrzeichen taugt?

WARUM FLIESST AUCH AN TROCKENEN TAGEN SO OFT WASSER IN DEN RINNSTEINEN?

Wenn durch die Pariser Rinnsteine bei trockenem Wetter reichlich Wasser fließt, dann wird gekehrt: Ein Gullihahn wird aufgedreht, ein zusammengerolltes Stück Stoff oder Teppich lenkt das Wasser bergab in die richtige Richtung, und die Straßenkehrer fegen mit knallgrünen Plastikbesen den Unrat von den Bürgersteigen in den Wasserstrom. Irgendwann und irgendwo sammelt sich dann der Dreck und kann *en gros* entsorgt werden.

50 DINGE, DIE SIE ...

Hier wird entdeckt, probiert, gestaunt, Urlaubserinnerungen werden gesammelt und Fettnäpfe clever umgangen. Diese Tipps machen Lust auf mehr und lassen Sie die ganz typischen Seiten erleben. Viel Spaß dabei!

... ERLEBEN SOLLTEN

1 **Abstieg in die Unterwelt** Fast 2 km weit erstreckt sich das Gangsystem der Katakomben › S.125, und auch heute noch kann der skurrile Ort für Gänsehaut sorgen. In einigen Gängen schichtete man die Knochen nach Größe und in geometrischen Mustern auf. Da heißt es, tapfer durch den Modergeruch zu stapfen und schließlich den Ausgang wiederzufinden. Viel Glück!

2 **In die Luft gehen** Geräuschlos steigt man im weltgrößten Fesselballon im Parc André-Citroën in die Höhe und genießt einen einzigartigen Blick über Paris. Leider (oder zum Glück?) ist bei 150 m Schluss, denn der Ballon wird von einem starken Seil am Davonfliegen gehindert (wetterabhängig, tgl. ab 9 Uhr bis 30 Min. vor Schließung des Parks, 12 €, Parc André-Citroën, Ⓜ Balard, www.ballondeparis.com) 🝙 A5.

3 **Schwimmen »auf« der Seine** Ein schwimmendes Schwimmbad liegt vor der neuen Nationalbibliothek vor Anker. Im Sommer wird bei schönem Wetter das Glasdach geöffnet, und man könnte glauben, seine Bahnen in der Seine selbst zu ziehen (Piscine Joséphine Baker,

Öffnungszeiten siehe www.piscine-baker.fr/fr/horaires, Ⓜ Quai François Mauriac) 🝙 H6.

4 **Paris im Marathonfieber** Mitte April ist es wieder so weit: Die Pariser ziehen mit Proviant und Fähnchen an die Rennstrecke und feuern nach Leibeskräften ihre Läufer an. Start ist auf den Champs-Elysées › S. 99, Zieleinlauf in der Avenue Foch 🝙 B2/3. Mischen Sie sich unters Volk, Sie werden dabei mit vielen Menschen ins Gespräch kommen › S. 64.

5 **Mittendrin im Großmarkt** Frische Seeigel, ganze Schwertfische, leuchtende Rotbarben? Für Gourmets ist die riesige Fischhalle im Großmarkt Rungis › S. 44 ein einmaliges Erlebnis. Rein kommt man nur mit einer geführten Tour (wenn man kein Großhändler ist), doch leider gilt: nur gucken, nicht einkaufen.

6 **Was esse ich hier eigentlich?** Wie schmeckt es, wenn man gar nicht sieht, was man isst? Im Restaurant Dans le noir lässt sich diese Erfahrung in absoluter Dunkelheit machen. Zum Glück helfen hierbei blinde Kellner (51, rue Quincampoix, Tel. 01 42 77 98 04, Service Mo–Do 20 und

Viele verschiedene Tages- und Nachttouren durch Paris lassen sich im 2 CV buchen

21.45, Fr–So auch 18.30, Sa/So auch 12.30 Uhr, www.paris.danslenoir.com, Ⓜ Rambuteau) ▌F4/G3.

➐ Durch Paris strampeln Auf der dreistündigen geführten Radtour »Paris Contrastes« von Paris à vélo c'est sympa › S. 26 erlebt man Natur und moderne Architektur im Pariser Osten auf ganz eigene Weise.

➑ Mit der Ente in den Jazzklub Erst lassen Sie sich ganz nostalgisch eine Stunde im 2 CV durch die Straßen von Paris schaukeln, dann geht es zu den swingenden Rhythmen im Jazzklub Duc de Lombard › S. 49. Mit 250 € für zwei Personen sind Sie dabei (Paris Authentic › S. 81).

➒ Totale Paradestimmung Militärparaden sind vielleicht nicht jedermanns Sache, aber wenn sich die Franzosen am Nationalfeiertag am 14. Juli auf den Champs-Elysées › S. 99 drängen, dann herrscht echte Volksfeststimmung.

➓ Virtueller Flug hoch über Paris Auf den Eiffelturm oder die Türme von Notre-Dame zusteuern in direktem Flug? Die virtuelle Technik von »Flyview« macht es möglich, in knapp 15 Minuten atemberaubende Perspektiven auf 20 der berühmtesten Monumente der Stadt zu erleben (30, rue du 4 Septembre, Ⓜ Opéra, www.flyview360.com, So–Mi 11–19, Do–Sa bis 21 Uhr, 15 €) ▌E3.

... PROBIEREN SOLLTEN

11 **Gut genug für den Präsidentenpalast** Baguette ist in Frankreich Pflicht – und das preisgekrönte Brot der Boulangerie 2M im 14. Arr. war 2018 Hausmarke im Elysée-Palast (215, blvd., Raspail, Ⓜ Raspail) 📘 D6.

12 **Familienangelegenheit** Seit Generation hütet die Familie Berthillon ihr Geheimnis, Milcheis und Sorbet herzustellen. Mich lockt jedes Mal das Sorbet »Strawberry Daiquiri« (29–31, rue Saint-Louis en L'Île, Mi-So 10–20 Uhr, Aug. geschl., www.ber thillon.fr, Ⓜ Pont Marie) 📘 G4.

13 **Kichererbsen in Höchstform** In der Rue des Rosiers reiht sich ein Falafelstand an den nächsten, aber im Chez Marianne › S. 36 schmecken die Kirchererbsenbällchen mit der Joghurtsoße am besten.

14 **Gipfel der Patisseriekunst** Sehr süß geht es bei Angélina › S. 37

Falafel, ein echter Leckerbissen

unter den Arkaden der Rue de Rivoli zu. Die Krönung der Kaloriensünden heißt »Mont Blanc«: lockere Schlagsahne, umhüllt mit dünnen Fäden einer Maronencreme auf einem Bett aus zarter Meringue.

15 **Bretagne an der Seine** Crêpes auf die Schnelle an der nächsten Straßenecke? Schade drum. Genießen heißt, sie im Breizh Café im Marais-Viertel zu essen! Reservierung empfohlen (109, rue Vieille du Temple, Mi-Sa 11.30–23, So bis 22 Uhr, Tel. 01 42 72 13 77, www.breizhcafe.com, Ⓜ Arts et Métiers) 📘 G4.

16 **Berge von Meeresfrüchten** Man muss ordentlich in die Tasche greifen, um in Paris eine frische Meeresfrüchteplatte zu bekommen, doch der *Plateau Royale* der Brasserie Floderer › S. 33 ist kaum zu überbieten – und macht auch optisch eine Menge her. Fehlt nur der Blick aufs Meer.

17 **Weinuniversum** Im richtigen Ambiente schmeckt es noch einmal besser: Legrand Filles & Fils › S. 43 in der Galerie Vivienne bietet höchsten Weingenuss. Zum Pomerol Käse von der Loire oder doch lieber einen Montbazillac zur Foie Gras?

18 **Rendezvous mit Korsika** Wer Wurst- und Käsespezialitäten von der Île de la Beauté sucht, ist hier richtig. Die *planches de charcuterie* duften nach Macchia – da müsste nur noch die Sonne so scheinen wie auf Korsika (L'Epicurianu, 104, rue de la Folie Méricourt, tgl. 17–02 Uhr,

Frank Gehrys Bau für die Fondation Louis Vuitton im Bois de Boulogne

So/Mo geschl., www.lepicurianu.com, Ⓜ Goncourt) 📱 H3.

19 **Trüffelsuche** Im Mittelalter Inbegriff der Sünde, heute der teuerste Edelpilz der Welt. Schon ein Hauch von Trüffel reicht, um etwa ein Risotto mit Langustine im Maison de la Truffe zu verfeinern (19, Place de la Madeleine, Mo–Sa 12–22.30, Boutique 10–22 Uhr, www.maison-de-la-truffe.com, Ⓜ Madeleine) 📱 E3.

20 **Champagnerprobe** Die Weine kleiner, unabhängiger Champagnerproduzenten sind ein Geheimtipp. Im Maison du Champagne gibt es dazu Rillettes, Austern oder einen reifen Comté (22, rue de Savoie, Di bis Sa 11–19.30, Do bis 21 Uhr, www.dilettantes.fr, Ⓜ Saint Michel) 📱 F4.

21 **»Croque Monsieur«** Der große Klassiker der simplen Pariser Café-Küche: ein mit Comté überbackenes

Sandwich mit »Jambon de Paris« (gekochtem Schinken) und Béchamel. Gekonnt bei La Fontaine de Belleville (31–33, rue Juliette-Dodu, Ⓜ Coloniel Fabien) 📱 H2.

... BESTAUNEN SOLLTEN

22 **So groß wie eine 3-Zimmer-Wohnung** Auf 65 m² tummeln sich über 130 Figuren um die festliche Tafel: Die »Hochzeit zu Kana« von Paolo Veronese im Louvre › S. 78 ist ein gewaltiges Bild von überwältigendem Detailreichtum. Im Musiker im hellen Gewand in der Mitte hat sich der Maler selbst dargestellt.

23 **Gläserne Wolke** Am Nordrand des Bois de Boulogne scheint eine große Wolke aus Glas und Stahl den Boden zu berühren: Frank Gehry hat für die Kunstsammlung der Fondation Louis Vuitton ein spektakuläres Gebäude gestaltet (Jardin d'Acclimatation, Ⓜ Les Sablons, www.fon dationlouisvuitton.fr) 🔖 A2.

24 Meisterwerke in Bronze Lebensgroß stehen sie im Park des Musée Rodin: Die »Bürger von Calais« › S. 108, eine Gruppe von sechs freiwilligen Geiseln, die während des 100-jährigen Krieges nur knapp ihrer Hinrichtung entgingen, hat Rodin verblüffend realistisch gestaltet.

25 Soweit das Auge reicht Wer die breiten Treppen unter der Grande Arche de la Défense › S. 143 emporgestiegen ist, blickt nach Osten über den Arc de Triomphe und die alte Pariser Königsachse schnurgerade bis zum Louvre.

26 Kunst im Prunk des 19. Jhs. Kunstsinn in jeder Hinsicht bewies der Bankier Edouard André: Er heiratete die Malerin Nélie Jacquemart und legte mit ihr eine grandiose Kunstsammlung an. Doch nicht nur die Bilder im Musée Jacquemart-André beeindrucken, das prunkvolle Stadtpalais selbst ist ebenfalls eine Schau (158, blvd. Haussmann, tgl. 10 bis 18 Uhr, www.musee-jacquemart-andre. com, Ⓜ Miromesnil) 🔖 D2.

27 Pariser Strandleben Es wirkt skurril, etwa vom Pont Marie zum Seine-Ufer hinunterzuschauen und statt dem unerbittlichen Pariser Autoverkehr Liegestühle und umhertollende Kinder zu sehen. Das Pariser Strandleben (Paris Plage) › S. 65

Am »Pariser Strand« macht man es sich jetzt auf dem Grünstreifen gemütlich

lädt im Hochsommer zum Flanieren und Entspannen ein – seit 2017 allerdings ohne Sand.

28 **Seerosen-Panorama** Genauso hatte es Claude Monet geplant: Man tritt in die beiden ovalen Räume des Musée de l'Orangerie › S. 79 und fühlt sich mitten in einer Seenlandschaft mit Trauerweiden und Seerosen – wenn man genau hinsieht.

29 **Wie im Theater** Nach Einbruch der Dunkelheit wirken die Fassaden des Louvre › S. 75 wie effektvoll beleuchtete Bühnenkulissen: Im großen Hof dringt durch die große gläserne Eingangspyramide und die drei kleinen Glaspyramiden indirektes Licht nach oben.

Tee vom Feinsten bei Mariage Frères

meter unterirdisch. Nur durch wenige Schächte dringt Tageslicht hinein (mit Paris Canal in 2,5 Std. vom Parc de la Villette zum Musée d'Orsy oder umgekehrt, 22 €, www.pariscanal.com).

30 **Kaiserkult** Um Napoleons gigantischen Sarkophag › S. 108 im Invalidendom sehen zu können, muss man sich über die niedrige Marmorbrüstung beugen – eine symbolische Verbeugung vor dem toten Herrscher. So viel Pomp und Totenkult sind heute zwar unzeitgemäß, machen aber Eindruck.

31 **Moderner Musiktempel** Jean Nouvels neue Philharmonie › S. 135 überragt mit ihrer verschachtelten Dachkonstruktion die Gebäude der Cité de la Musique. Innen beeindruckt der riesige Konzertsaal. Glücklich, wer da Karten bekommt.

32 **Bootsfahrt im Untergrund** Schon mal mit einem Boot im Tunnel gefahren? Der Canal St-Martin › S. 137 verläuft über mehrere Kilo-

... MIT NACH HAUSE NEHMEN SOLLTEN

33 **»Tea Time« auf Französisch** Wer einmal bei Mariage Frères › S. 38 stilvoll »seine« Teesorte gefunden hat, wird sich für zu Hause eindecken. »Marco Polo« in der schwarzen Dose ist mein Favorit für die tägliche Teezeremonie.

34 **Pralinen mit Stil** »Artiste chocolatier« nennt sich Patrick Roger, und ein Künstler ist er zweifellos. Wer würde nicht schwach bei Pralinen wie Katmandou (mit Jasminblüten) oder Valparaiso (mit Pazifik-Limette)? 3, place de la Madeleine, tgl. 10.30–19.30 Uhr, www.patrickroger. com, Ⓜ Madeleine ▌E3.

Seit 1947 stehen in der Épicerie Izraël Gewürze und Kräuter aller Art zum Verkauf

35 **Ein Stück Louvre für zu Hause**
Im Shop unter der Louvre-Pyramide › S. 45 stehen auch Repliken berühmter Kunstwerke zum Verkauf – nicht billig, aber sehr edel. Die filigrane etruskische Aphrodite etwa, die an Giacometti-Figuren erinnert, ist für 180 € zu haben.

36 **Eingekochte Leidenschaft** Lise Bienaimé hat eine Passion für Konfitüren aller Art. Mein Favorit ist Himbeer mit Champagner (La Chambre aux confitures, 9, rue des Martyrs, Di bis Fr 11–14.30 u. 15.30–19.30, Sa 10–19.30, So bis 14 Uhr, www.lachambreauxconfitures.com, Ⓜ Notre Dame de Lorette) 🕮 F2.

37 **Gewürzwelten** »Höhle des Ali Baba« wird die Épicerie Izraël › S. 44 gerne betitelt. Die Regale stecken voller exotischer Gewürze, getrock-

neter Früchte und Öle. Mir hat es die Konserve mit geschnetzeltem Fleisch der Kaktusfeige besonders angetan!

38 **»Da geh' ich zu Maxim«** Der Stern des Restaurants Maxim's mag seit der Belle Époque verblasst sein, in den bissigen Karikaturen des Künstlers Sem lebt er fort. Als Hommage an Sem kann man seine Motive auf Geschirr in der Boutique des Maxim's kaufen. Der große Kuchenteller (33 €) sollte es schon sein (5, rue Royale, Mo–Sa 10–12.30 und 14 bis 18.30 Uhr, Ⓜ Concorde) 🕮 E3.

39 **Metroplan für alle Tage** Wenn es beim ersten Parisbesuch mit der Orientierung in der Metro nicht so geklappt hat: Den Netzplan, auf ein Geschirrtuch aufgedruckt, kaufen und zu Hause für den nächsten Besuch auswendig lernen (Boutique La Vie du Rail, 29, rue de Clichy, Mo–Fr 10 bis 19 Uhr, Ⓜ Saint-Lazare) 🔖 E2.

40 **Ein echter Korse aus Paris?** Dem Käsefreund, der die Fromagerie Chez Virginie im 18. Arr. betritt, gehen die Augen über. Wie wär's mit dem Schafskäse »Corse aux herbes« mit feinem Edelschimmel unter der Kräuterkruste? In der Kühltasche bringen Sie ihn sicher nach Hause (54, rue Damrémont, Di–Fr 9.30–13, 16–20, So bis 13 Uhr, www.chezvirginie.com, Ⓜ Lamarck-Coulaincourt) 🔖 E1.

41 **Butter präsentieren leicht gemacht** Sicher gibt es Dinge, die man nicht wirklich braucht. Aber die kunstvoll geformten Butterkreationen, die man mit dem geriffelten Butterformer von E. Dehillerin › S. 43 herstellen kann, werden Ihre Gäste schwer beeindrucken.

42 **Münzen sammeln** Bei vielen Sehenswürdigkeiten kann man für 2 € am Automaten die Münzen *(jetons touristiques)* ziehen, die das jeweilige Monument auf ihrer Vorderseite zeigen. Nach einem intensiven Parisurlaub kann eine hübsche Sammlung zusammenkommen.

... BLEIBEN LASSEN SOLLTEN

43 **Sich im Restaurant einfach niederlassen** Tische im Restaurant werden in Frankreich grundsätzlich vom Kellner zugewiesen.

44 **Pastis nach dem Essen** Pastis ist ein echter Aperitiv. Wollen Sie nicht direkt als Tourist entlarvt werden, dann bestellen Sie nie einen Pastis *nach* dem Essen.

45 **Rushhour in der Metro** Im Berufsverkehr morgens und abends herrscht in den Metrostationen heilloses Gedrängel, vor allem an den großen Bahnhöfen – Platzangst ist vorprogrammiert.

46 **Große Scheine** 100-€-Scheine sind beim Bezahlen das Limit, darüber hinaus geht gar nichts mehr (außer im Luxussegment natürlich).

47 **Links auf Rolltreppen stehen** Die Pariser haben es eigentlich immer eilig, besonders in der Metro. Daher auf der Rolltreppe nicht die links Überholenden behindern.

48 **Drauflosbestellen** Nach dem Essen einen Digestiv zu bestellen, ohne zuvor seinen Preis auf der Getränkekarte zu ermitteln, kann zu teuren Überraschungen führen.

49 **»Stimmt so«** Trinkgeld zu geben, indem man den Rechnungsbetrag einfach aufrundet, funktioniert in Frankreich nicht. Erst das Wechselgeld abwarten, dann das *pourboire* geben.

50 **Versailles am Dienstagvormittag** Das Schloss von Versailles ist montags, der Louvre dienstags geschlossen, folglich ist der Andrang in Versailles am Dienstagvormittag besonders groß.

Sommernachmittag im Jardin du Luxembourg

REISEPLANUNG
& ADRESSEN

DIE STADTVIERTEL IM ÜBERBLICK

Paris ist zwar nicht wie Rom auf sieben Hügeln erbaut, aber eine Erhebung überragt das Pariser Häusermeer: Montmartre, der »Berg der Märtyrer«, mit der schneeweißen Basilika Sacré-Cœur auf seiner Kuppe.

Treppen wie hier in der Rue du Calvaire prägen das Bild des Montmartre-Hügels

Von hier oben wird deutlich, dass Paris eigentlich gar nicht so groß ist, zumindest nicht sein Stadtkern. Nur knapp 4 km entfernt ragen ziemlich genau im **Pariser Zentrum** die Türme von Notre-Dame empor: Sie markieren die beiden Seine-Inseln, von denen aus sich Paris einst entwickelte: die Île de la Cité und die kleinere Île St-Louis.

Die Seine durchfließt das Stadtgebiet in sanftem Bogen von Südosten nach Südwesten und teilt es in zwei Großbereiche – und die Pariser orientieren sich stark an dieser Stadtgeografie. »Rive Gauche« südlich der Seine bzw. links des Flusses und »Rive Droite«, das nördliche Stadtgebiet oder die rechte Seite der Seine, bedeuten für manche sogar zwei unterschiedliche Welten. Die intellektuelle **Rive Gauche,** Tummelplatz der Boheme im Quartier Latin und in St-Germain-des-Prés, steht der geschäftstüchtigen und hektischen **Rive Droite** mit Opernviertel, Rue de Rivoli und den prunkvollen Einkaufspassagen gegenüber.

Jenseits der Boulevards, die einst die Stadtgrenze markierten, haben einige Quartiere ihren Charme aus der Zeit vor 1860 bewahrt, als sie noch nicht eingemeindet waren. So hat sich der dörfliche Charakter des Montmartre im Pariser Norden allen Touristenmassen zum Trotz weitgehend erhalten, während der **Montparnasse** im Süden viel von seiner ursprünglichen Atmosphäre eingebüßt hat.

Prächtig und eindrucksvoll – so lässt sich der Stadtbereich beidseits der Seine im Pariser **Westen** umschreiben: von den Champs-Élysées über den gleichfalls weltberühmten Eiffelturm bis hin zum pompösen Invalidendom zeigt sich hier hauptstädtisches Gepräge.

Paris ist auch eine Stadt der Gegensätze, denn der Pariser **Osten** oszilliert zwischen den wundervollen Architekturensembles des Marais-Viertels, reizvollen Parkanlagen, Kanälen und kleinen, fast ländlichen Wohnquartieren nahe dem romantischen Friedhof Père Lachaise.

KLIMA & REISEZEIT

Im gemäßigten Pariser Klima kommt es fast das ganze Jahr hindurch zu gleichbleibenden Niederschlägen. Der Mai ist jedoch am regenreichsten. Die mittlere Jahrestemperatur beträgt 10,8 °C, im Juli ist es mit durchschnittlich 18,4 °C am wärmsten und im Januar mit 3,5 °C am kältesten.

REISEZEIT

Jede Jahreszeit hat in Paris ihren ganz eigenen Charme. Im Juli und August kann es sehr heiß werden, aber dafür gibt es dann den künstlichen Strand »Paris-Plage« an den Seine-Quais. Auch wer ein richtiges Feuerwerk erleben will, sollte nicht zu Silvester, sondern zum Nationalfeiertag am 14. Juli nach Paris kommen.

Im Frühjahr und Herbst läuft der Kulturbetrieb auf Hochtouren mit vielen interessanten Ausstellungen und Messen. Gerade im Mai platzen manche Museen aus allen Nähten. Im Januar und Februar sind die Museen und Galerien weniger besucht. In der Vorweihnachtszeit putzt sich Paris dann festlich heraus.

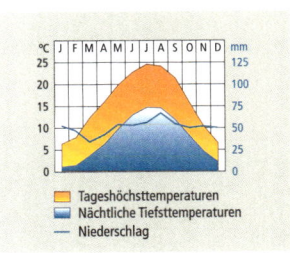

Tageshöchsttemperaturen
Nächtliche Tiefsttemperaturen
Niederschlag

ANREISE

MIT DEM FLUGZEUG

Von den beiden Pariser Flughäfen Roissy-Charles de Gaulle im Norden und Orly im Süden gelangt man mit den Flughafenbussen der Air France oder der Schnellbahn RER in die Innenstadt. Beide Flughäfen im Internet: www. parisaeroport.fr.

Von **Charles de Gaulle (CDG)** in die Stadt: Le Bus Direct (Linie 2, www.
lebusdirect.com) 6–23 Uhr alle 30 Min. zur Place Charles de Gaulle-Étoile
und Eiffelturm (18 €, Dauer 45–70 Min.); Roissybus 6–24 Uhr alle 15 bis
20 Min. zur Opéra (12,50 €); RER B 5–24 Uhr alle 10–15 Min. (11,40 €).
Die Taxifahrt kostet 50–55 €.

Von **Paris-Orly (ORY)** in die Stadt: Le Bus Direct (Linie 1) 6–23.30 Uhr
alle 20 Min. zur Gare Montparnasse, zum Eiffelturm und zur Place Charles
de Gaulle-Étoile (12 €, Dauer 30–60 Min.); Orlybus 6–0.30 Uhr alle 10 bis
20 Min. zur Place Denfert-Rochereau (8,70 €); Orlyval 6–23 Uhr alle 8 Min.
zum RER-Bahnhof Antony, dann RER B 5–24 Uhr alle 10–15 Min. (12,10 €).
Die Taxifahrt kostet 30–35 €.

MIT DEM AUTO

Das gut ausgebaute französische Autobahnnetz führt sternförmig nach
Paris (www.autoroutes.fr). Die Autobahnen im Land sind kostenpflichtig
(péage). Die Promillegrenze liegt bei 0,5. Die zulässige Höchstgeschwindig-
keit beträgt auf Autobahnen 130 km/h, auf Schnellstraßen 110 km/h, auf
Landstraßen 80 km/h und in geschlossenen Ortschaften 50 km/h. Es besteht Anschnallpflicht, für Motorradfahrer Helmpflicht; im Auto müssen
reflektierende Warnwesten mitgeführt werden.

MIT DEM ZUG

Von Deutschland und Österreich aus werden die Bahnhöfe Gare du Nord
und Gare de l'Est angefahren (TGV von München und Stuttgart, Thalys von
Köln, ICE von Frankfurt). Schweizer erreichen den Bahnhof Gare de Lyon.
Infos und Buchungen unter www.tgv-europe.de, www.bahn.de oder www.
oui.sncf.

STADTVERKEHR

**Die Pariser Verkehrsbetriebe (RATP) unterhalten ein dichtes Netz von
Metro-, RER-, Tram- und Buslinien. Kostenlose Linienpläne sind in sämt-
lichen Metrostationen erhältlich. Infos (auch auf Deutsch): www.ratp.fr.**

METRO

Das Pariser U-Bahn-Netz ist eines der am besten ausgebauten der Welt. Die
14 Metrolinien verkehren von 5.30 bis 0.30 Uhr; Fr, Sa und vor Feiertagen
bis ca. 1.30 Uhr. Jede Linie hat ihre eigene Nummer und Farbe. Beim Umsteigen orientiert man sich an den Endstationen der Linien, die den Weg
zum richtigen Bahnsteig anzeigen. Mit einem Fahrschein kann man so lang
im gesamten Metronetz »unterirdisch« bleiben, wie man will.

Das Einzelticket *ticket+* kostet 1,90 €, das Zehnerheft *Carnet* 14,90 €, die Tageskarte *Mobilis* 7,50 € (Paris plus 1 Zone) und der Pass *Paris Visite* für 1, 2, 3 oder 5 Tage zwischen 12 und 38 € (1–3 Zonen).

RER (S-BAHN)
Mit den Zügen des Réseau Express Régional (RER) sind die wichtigsten Orte in der Île-de-France zu erreichen. Innerhalb von Paris kann man die RER-Linien mit einem normalen Metroticket benutzen.

Metroschild an der Station Anvers

BUS UND STRASSENBAHN (TRAM)
Die Busse und Straßenbahnlinien verkehren werktags von 7–20.30 Uhr, manche bis 0.30 Uhr, auch So und feiertags. Mit einem vorab gekauften *ticket+* ist mehrfaches Umsteigen innerhalb von 1,5 Stunden gestattet (nur zwischen Bussen und Straßenbahnen). Die Nachtbusse *Noctilien* verkehren zwischen 0.30 und 5.30 Uhr.

TAXI
Taxis mit dem Leuchtschild *Taxi parisien* hält man am besten auf der Straße an. Sie nehmen drei Personen mit (nur auf der Rückbank!), für einen vierten Fahrgast muss ein Aufpreis bezahlt werden. Gepäck kostet extra.

MIT DEM EIGENEN AUTO
In Paris gilt ausnahmslos die Regel »rechts vor links«, auch im Kreisverkehr, also hat der einmündende Verkehr Vorfahrt! Parken am Straßenrand zwischen 9–20 Uhr ist immer *payant*. Eine Smartphone-App (P'Mobile; Infos und Download: www.pmobile.paris.fr) ermöglicht das bargeldlose Bezahlen. Achtung: bei Überschreitung der Parkdauer fallen seit 2018 hohe Bußgelder an, z.B. 50 € in der Innenstadt.

MIT DEM FAHRRAD
Mit **Vélib-Metropole** stehen ca. 20 000 moderne (auch Elektro-) Fahrräder an knapp 1800 Stationen zur Verfügung. Der preisgünstige Service (Grundgebühr 5 € für 1 Tag, 15 € für 7 Tage) ist für kurze Ausleihzeiten gedacht. Die ersten 30 Min. sind kostenlos (Elektrorad 1 €), danach wird es teurer (www.velib-metropole.fr).

Paris Rando Velo startet Fr um 21.30 Uhr und jeden dritten So im Monat um 10.30 Uhr vor dem Hôtel de Ville Fahrradtouren quer durch Paris – gratis und ohne Anmeldung (www.parisrandovelo.com). Ein Fahrrad muss man natürlich schon dabeihaben – warum nicht ein Vélib?

Paris à vélo c'est sympa bietet geführte Fahrradtouren durch Paris (3 Std., 35 €) an und verleiht Fahrräder auch individuell (22, rue Alphonse Baudin, Ⓜ Richard-Lenoir, Tel. 01 48 87 60 01 www.parisvelosympa.fr, April bis Okt. Mo–Fr 9.30–13 und 14–18, Sa, So 9–19 Uhr). › mehr S. 13 Punkt ❼

BATOBUS AUF DER SEINE

Regulärer Schiffsverkehr mit neun Anlegepunkten zwischen Eiffelturm und Jardin des Plantes, alle 20–25 Min. Tickets für 1 oder 2 aufeinanderfolgende Tage kosten für beliebig viele Fahrten 17 bzw. 19 € (www.batobus.com, April–Sept. 10–21.30, sonst bis 19 Uhr und in längeren Intervallen).

STADTRUNDFAHRTEN

BUSRUNDFAHRTEN
BUSLINIE 24
Die öffentliche Linie fährt – zum Preis eines einfachen Bustickets – an den meisten Sehenswürdigkeiten von Paris vorbei.
• Mo–Sa bis ca. 20.30 Uhr

L'OPEN TOUR 🚌 E2/3
Vier große Stadtbesichtigungstouren (ab 9.30 Uhr) im offenen Doppeldeckerbus mit Tonbandkommentaren in vielen Sprachen (ab 34 €; günstige Angebote für zwei oder drei aufeinanderfolgende Tage: 38 bzw. 42 €).
• 13, rue Auber | 9. Arr. | Ⓜ Opéra
  www.paris.opentour.com

BIGBUS PARIS
Die offenen Doppeldeckerbusse fahren sieben Hauptsehenswürdigkeiten an, darunter Eiffelturm, Louvre und Musée d'Orsay (Tonbandkommentare in mehreren Sprachen). Die Tickets (ab 34 €, im Bus oder online erhältlich) gelten den ganzen Tag, sodass man zwischendurch auch aussteigen kann. Verkehrt alle 10 Min. an den wichtigsten Sehenswürdigkeiten. Eine komplette Tour dauert ca. 2,5 Std.
• www.bigbustours.com
  9.30–20 Uhr

MIT SEINE-SCHIFFEN
BATEAUX PARISIENS 🚢 C4
• Port de la Bourdonnais (am Fuß des Eiffelturms) | 7. Arr. | Ⓜ Bir Hakeim
  www.bateauxparisiens.com

VEDETTES DU PONT NEUF 🚢 F4
• Square du Vert-Galant | 1. Arr.
  Ⓜ Pont Neuf | Tel. 01 46 33 98 38
  www.vedettesdupontneuf.com

AUF DEN KANÄLEN
PARIS-CANAL 🚢 H1
Fahrten über den Canal St-Martin und weiter ins Umland.
• 21, quai de la Loire (Bassin de la Villette) 19. Arr. | Ⓜ Jaurès | Tel. 01 42 40 29 00
  www.pariscanal.com

CANAUXRAMA 🚢 H1
• 13, quai de la Loire | 19. Arr.
  Ⓜ Jaurès | Tel. 01 42 39 15 00
  www.canauxrama.com

LA PARISIENNE

In der Rooftop-Bar hat man bei einem Drink den Blick von ganz oben

Sophie de Santis kommt gerade aus dem Urlaub. In einem kleinen Appartement in Menton, direkt an der italienischen Grenze, hat sie sich wie jeden August eine Auszeit vom hektischen Pariser Alltag genommen. Sonne, der Kiesstrand, ein Besuch der Markthalle im nahen Ventimiglia: Das heißt Urlaub für die Mittvierzigerin.

Auch wenn ihr Familienname – de Santis – sehr italienisch klingt, so ist Sophie doch eine echte Pariserin. Als Journalistin beim Figaro berichtet sie seit vielen Jahren über Kultur, Architektur und Kunst. Für den »Figaroscope« taucht sie ins Nachtleben der Metropole ein und schreibt darüber, und im Fernsehen präsentiert sie eine Auswahl: Welche Bar bietet die besten Cocktails, welches Rooftop ist in heißen Sommernächten gerade angesagt, welche Ausstellung ist ein Muss? Sophie de Santis ist immer auf dem Laufenden.

Für viele Franzosen ist die Hauptstadt an der Seine nur eine wichtige Station im Berufsleben. Hier werden attraktivere Jobs angeboten, doch spätestens mit der Rente kehren viele wieder in ihre Heimatregionen zurück. Das Leben in Paris ist deutlich teurer als andernorts in Frankreich, und wer hier nicht aufgewachsen ist, trennt sich häufig leicht von der Großstadthektik.

Für Sophie ist dies natürlich undenkbar. Sie liebt diese Stadt und kennt sie in all ihren Schattierungen. Sie ist schließlich Pariserin – doch gibt es sie wirklich, die echte Parisienne, ist sie nicht nur ein Klischeebild in den Medien?

Keineswegs, meint Sophie, und definiert: Die echte Parisienne sei frei und unabhängig, konsumiere viel Kultur, kleide sich elegant, sei aber nie *overdressed*, wisse, was sie wolle, auch in der Mode, laufe aber nie als *fashion victim* stets dem neuesten Schrei hinterher.

Hat sie sich hier eben selbst beschrieben?

Gerade hat Frankreich seinen eigenen Rekord in Sachen Tourismus noch getoppt, 90 Millionen Touristen sind gekommen, ein großer Teil davon nach Paris. Sophie zeigt sich nicht verwundert. Paris habe von allem etwas, und das Verhältnis sei ausgewogener als in anderen europäischen Hauptstädten. Grandiose Architekturen, Geschichte, wo man hinschaut, ein reiches Kulturangebot und das kosmopolite Flair, dazu trendige Bistros, Boutiquehotels und unzählige Kunstgalerien, die in den letzten zehn Jahren förmlich aus dem Boden geschossen seien, mehr brauche es doch nicht.

Aber ist Paris nicht auch ein bisschen Opfer seines Erfolgs? »Soziale Spannungen, astronomische Mietpreise, immer dichterer Verkehr, oft dramatisch schlechte Luft und völlig überfüllte Metros, damit müssen wir Pariser allerdings leben«. Sophie fragt sich wie es mit dem Andrang in den Museen weitergehen soll. Pläne, den Zugang nur noch mit vorheriger Reservierung zu festgelegten Uhrzeiten zu regeln, lägen bereits vor, gibt sie zu Bedenken. Dabei habe die Stadt doch andere interessante Kulturbetriebe, die nur eben weniger Aufmerksamkeit und weniger Presse hätten.

Sicher sei die alternative Kulturszene in Paris weniger bekannt als etwa diejenige in Berlin, über die

Sophie kurz zu schwärmen beginnt. Wer sich aber im 10. oder 11. Arrondissement, in Belleville oder am Canal St-Martin umschaue, der finde dort die junge Avantgarde. »Ich habe vor allem aber immer das Palais de Tokyo oder Le Plateau im 20. Arrondissement im Auge, hier kann Paris mit Berlin locker mithalten«. Immer am Puls der Millionenmetropole und sehr oft auf Achse vor allem auch abends zu sein, will man da nicht einfach mal abschalten? Von einem herzlichen Lachen begleitet, kommt sofort die Antwort:»Ich warte auf einen wolkenlosen Sonntagmorgen, spaziere dann sehr früh recht ziellos über den Pont Neuf oder den Pont des Arts und genieße die relative Stille. Ja, auch die gibt es hier!«

Sophies Tipps für Rooftops:
- **Le Perchoir Menilmontant**
  14 Rue Crespin du Gast
  Tel. 01 48 06 18 48 | Ⓜ Menilmontant
  http://leperchoir.tv | 18–2 Uhr
- **Le Nüba**
  34 quai d'Austerlitz (in der Cité du Design) | Ⓜ Quai de la Gare
  Tel. 01 76 77 34 85
  www.nuba-paris.fr
  12–15 und 19–23 Uhr

Sophies Tipps für Cocktailbars:
- **Gravity Bar**
  44, rue des Vinaigriers
  Ⓜ Jacques Bonsergent
  Di–Sa 18–2 Uhr
- **Little Red Door**
  60, rue Charlot | Ⓜ Filles du Calvaire
  www.lrdparis.com
  18–2, Fr, Sa bis 3 Uhr

UNTERKUNFT

Das Preisniveau in Paris ist aufgrund der ganzjährig guten bis sehr guten Hotelauslastung relativ hoch. Hotelbuchungen (deutschsprachig) lassen sich am einfachsten über http://de.parisinfo.com/wo-schlafen-in-paris vornehmen. Die besten Preise bekommt man in der Regel direkt über die Webseiten der Hotels.

Die aufgeführten Adressen beginnen mit den hochpreisigen Hotels, für die um die 300 € pro Nacht zu zahlen sind.

Die Preise insgesamt variieren jedoch auch in Paris stark nach Lage und vor allem Auslastung. So schlagen sich Messen oder andere Großveranstaltungen deutlich im Preis nieder, während zu ruhigeren Zeiten durchaus auch Sonderangebote zu bekommen sein können.

Die günstigeren Häuser am Ende der Liste liegen meistens nicht zentral oder bieten weniger Komfort. Sie sind in der Regel auch schnell ausgebucht.

L'Hôtel Particulier €€€ 🚩 E1
Hotel mit nur fünf ultramodernen Suiten, versteckt in einem verwunschenen Garten auf dem Montmartre.
• 23, ave. Junot, Pavillon D | 18. Arr.
Ⓜ Lamarck-Coulaincourt
Tel. 01 53 41 81 40
www.hotel-particulier-montmartre.com

Grands Boulevards €€–€€€ F3
Sehr trendiges, auf »old-fashioned« getrimmtes Hotel an den großen Boulevards mit ausgezeichnet bestückter Cocktailbar.
• 17, Boulevard Poissonniere | 2. Arr.
Ⓜ Grands Boulevards
Tel. 01 85 73 33 33
www.grandsboulevardshotel.com

Das Hotel Mama Shelter im Osten der Stadt hat auch ein cooles Restaurant zu bieten

PARISER HOTELS MIT FLAIR

- **Hotel Grand Amour** €€ G2
  Sehr angesagtes Hotel mit Innen-
  hof und Bar im Vintage-Design.
  18 rue de la Fidélité | 10. Arr.
  Ⓜ Gare de l'Est
  Tel. 01 44 16 03 30
  www.hotelamourparis.fr
- **Hotel des Grandes
  Ecoles** €€ F/G5
  Blumig dekoriertes, familiäres Hotel
  im Quartier Latin mit Garten.
  75, rue Cardinal Lemoine | 5. Arr.
  Ⓜ Cardinal Lemoine
  Tel. 01 43 26 79 23
  www.hotel-grandes-ecoles.com
- **Mama Shelter** €€ K4
  Ultramodern und extravagant
  eingerichtet – aber Anonymität
  ist hier zum Glück ein Fremdwort.
  109, rue Bagnolet | 20. Arr.
  Ⓜ Maraîchers
  Tel. 01 43 48 48 48
  www.mamashelter.com/de/paris
- **Hotel Chopin** € F3
  Kleine, aber ruhige Zimmer in der
  Passage Jouffroy direkt an den
  großen Boulevards.
  10, blvd. Montmartre | 9. Arr.
  Ⓜ Grands Boulevards od. Riche-
  lieu Drouot | Tel. 01 47 70 58 10
  www.hotelchopin.fr
- **Eldorado** € D2–E1
  Originelles kleines Hotel mit
  idyllischem Innenhof.
  18, rue des Dames | 17. Arr.
  Ⓜ Place de Clichy
  Tel. 01 45 22 35 21
  http://eldoradohotel.fr

Hotel Crayon €€ F3
Zentral gelegenes kleines Hotel mit Vin-
tage-Möbeln vor poppig bunten Wänden.
- 25, rue du Bouloi | 1. Arr.
  Ⓜ Louvre – Rivoli
  Tel. 01 42 36 54 19
  http://hotelcrayon.com

Grand Pigalle €€ F2
Hier, südlich der Place Pigalle (im angesagten Quartier »South Pigalle«), setzt man
auf nostalgischen Charme. Ein gutes Restaurant ist im Erdgeschoss des typischen
Wohnhauses des späten 19. Jhs.
  29, rue Victor Massée | 9. Arr.
  Ⓜ Pigalle | Tel. 01 85 73 12 00
  www.grandpigalle.com

Hidden Hotel €€ C2
Zeitgenössisch eingerichtet mit natür-
lichen Materialien (Schiefer, Marmor, Kokos-
fasern, Holz). »Hidden« (versteckt) vergisst
man hier schnell den Lärm der nahen
Champs-Élysées.
- 28, rue de l'Arc de Triomphe | 8. Arr.
  Ⓜ Charles de Gaulle – Étoile
  Tel. 01 40 55 03 57
  www.hidden-hotel.com

Panache €€ G1
»Panacher« heißt mischen, da wundert der
Name dieses kleinen Hotels kaum. Bunt ge-
mischt erscheint hier die Einrichtung der
Zimmer, originell allemal.
  1, rue Geoffroy-Marie | 9. Arr.
  Ⓜ Pigalle
  Tel. 01 47 70 85 87
  www.hotelpanache.com

Secret de Paris €€ E2
Noble, nach Themen dekorierte Zimmer im
Stil z. B. des Tour Eiffel, Musée d'Orsay oder
Moulin Rouge.

- 2, rue de Parme | 9. Arr.
  Ⓜ Liège
  Tel. 01 53 16 33 33
  www.secretdeparis.com

Hôtel Square Louvois €€ ▮ F3

Erlesen und elegant gestaltet, ganz nahe der Nationalbibliothek mit Blick auf einen ruhigen, baumbestandenen Platz.

- 12, rue de Louvois | 2. Arr.
  Ⓜ Quatre Septembre
  Tel. 01 86 95 02 02
  www.hotel-louvois-paris.com

The Hoxton €€ ▮ F3

Schlicht-elegant eingerichtete Zimmer mit Mut zur Farbe und eindeutiger Liebe zum Retro-Style der 1950–1960er Jahre. Jacques' Bar verspricht schummrige Cocktailstunden.

- 30–32, rue du Sentier | 2. Arr.
  Ⓜ Bonne Nouvelle
  Tel. 01 85 65 75 00
  www.thehoxton.com/fr/paris/hotels

Grand Hotel Jeanne d'Arc € ▮ G4

Ein familiär geführtes Haus mit viel Charme und Charakter im Marais zwischen der Place des Vosges und der Rue de Sévigne, das aber leider häufig ausgebucht ist. Hier gibt es auch Dreibett- und Familienzimmer.

- 3, rue Jarente | 4. Arr.
  Ⓜ St-Paul
  Tel. 01 48 87 62 11
  www.hoteljeannedarc.com

Lux Hotel Picpus € ▮ K5

Gepflegtes kleineres Hotel mit ordentlichen Zimmern in schöner Umgebung. Der Bois de Vincennes ist nicht weit. Sehr preisgünstig für Paris; üppiges Frühstücksbuffet.

- 74, blvd. de Picpus (im Osten, nahe Pl. de la Nation) | 12. Arr.
  Ⓜ Picpus
  Tel. 01 43 43 08 46
  www.parisluxhotel.com

Hotel du Parc Montsouris €

Eingerichtet in einem Wohnhaus aus dem 19. Jh. direkt am malerischen Parc Montsouris. Ein gutes Stück abseits vom Zentrum im Süden von Paris im 14. Arrondissement gelegen.

- 4, rue du parc Montsouris | 14. Arr.
  Ⓜ Porte d'Orléans
  Tel. 01 45 89 09 72
  www.hotel-parc-montsouris.com

Hotel Solar € ▮ E6

Das kleine Hotel ist nach eigener Aussage »ökologisch, ökonomisch und militant«, also eine Neuheit in der Pariser Hotellerie. Wer umweltfreundlich und billig, aber mit Komfort und Biofrühstück wohnen will, ist hier richtig. Fahrradverleih inklusive.

- 22, rue Boulard | 14. Arr.
  Ⓜ/RER Denfert-Rocherau
  Tel. 01 43 21 08 20
  www.solarhotel.fr

BED & BREAKFAST

Alcôve & Agapes

Im Angebot sind ausgesucht schöne, ruhig gelegene Privatzimmer.

- Tel. 06 99 44 75 75 (Mo–Fr 10–12 Uhr)
  www.bed-and-breakfast-in-paris.com

BB Paris

Die auf Bed-&-Breakfast-Unterkünfte in Paris spezialisierte Agentur bietet Zimmer in typischen Quartieren an. Die übersichtlich gestaltete Website (auf Deutsch) macht die Auswahl einfach.

- www.2binparis.com/de

ESSEN & TRINKEN

Paris hat im Schnitt eine gut verdienende Bevölkerung, die – wie alle Franzosen – bereit ist, für Essen relativ viel Geld auszugeben. So verfügt die Hauptstadt nicht nur über eine Vielzahl hochdekorierter Häuser mit drei Michelin-Sternen, sondern auch über zahlreiche Brasserien und unzählige kleine Restaurants, in denen ebenfalls exquisite Gerichte serviert werden.

Für den kleinen Hunger bieten sich unzählige Straßenstände an

Die traditionelle französische Küche ist durchaus bodenständig. Deftige Eintöpfe *(cassoulet)*, Blutwurst *(boudin)* oder Innereienwürste *(andouillettes)* sind fast überall zu finden. Fleisch von Kalb *(veau)*, Lamm *(agneau)* und natürlich Rind *(bœuf)* sind etwas häufiger vertreten als Schweinefleisch *(porc)*. Geflügel *(volaille)* ist allgegenwärtig, auch in Form der Stopfleber *(foie gras)* von der Gans *(oie)* oder Ente *(canard)*.

Mittags von 12 bis 14 Uhr und abends von 19.30 bis 23 Uhr sind in den Bars, Bistros, Brasserien und Restaurants die Tische für die Kundschaft eingedeckt. Die Franzosen gehen selten vor 20.30 Uhr zum Essen. In Bars, Cafés und Bistros isst man meistens billiger und »schneller«. Tagesmenüs *(menu du jour)* oder -gerichte *(plat du jour)* sind hier erschwinglicher als in Restaurants oder Brasserien. Dort ist allerdings die Auswahl auf der Speisekarte größer. Die Brasserien, eigentlich Bierbrauereien, brachten nach 1871 die Elsässer mit nach Paris, doch sind sie heute vor allem bekannt für ihr Angebot an guten Weinen, Fisch *(poisson)* und Meeresfrüchten *(fruits de mer)* wie Austern *(huitres)* oder Muscheln *(moules)*.

Zielstrebiges Zusteuern auf einen freien Platz wird in Pariser Restaurants gar nicht gern gesehen. Gäste bekommen einen Tisch zugewiesen! Will man nur rasch ein Sandwich verspeisen, bietet sich auch der Tresen in einer Bar oder einem Café an. Im Stehen isst und trinkt es sich billiger. Die Rechnung im Restaurant wird für alle am Tisch ausgestellt, Einzelabrechnungen sind unüblich. Trinkgelder lässt man auf dem Tisch oder Tresen liegen, nachdem man sein Wechselgeld erhalten hat.

PARISER GOURMETTEMPEL

Le Grand Véfour €€€ 🏮 F3
Sternekoch Guy Martin wacht über eine exzellente Küche und ein einmaliges denkmalgeschütztes Ambiente aus der Epoche Kaiserin Josephines. Hier werden Gaumen und Auge der Gäste gleichermaßen verwöhnt.
• 17, rue de Beaujolais | 1. Arr.
  Ⓜ Palais Royal
  Tel. 01 42 96 56 27
  www.grand-vefour.com
  Mo–Fr 12–14 und 20–22 Uhr

La Tour d'Argent €€€ 🏮 G4/5
Der »Silberturm« kann auf eine über 400 Jahre alte Tradition zurückblicken; zahlungskräftige Gäste schauen durch die Panoramafenster auf den Chor der nahen Kathedrale Notre-Dame. Berühmt sind die Entengerichte des Hauses.
• 15–17, quai de la Tournelle | 5. Arr.
  Ⓜ Pont Marie
  Tel. 01 43 54 23 31
  www.tourdargent.com
  Di–Sa 12–13.30 und 19–21.30 Uhr

TYPISCH FRANZÖSISCHE KÜCHE

Le Bistrot de Paris €€ 🏮 E4
Typisches Pariser Bistro, das seine Einrichtung seit 50 Jahren beibehalten zu haben scheint. Klassiker der deftigen französischen Küche kommen hier auf den Tisch, von den Eiern mit hausgemachter Mayonnaise bis zu den panierten Schweinefüßen.

• 33, rue de Lille | 6. Arr.
  Ⓜ Solférino
  Tel. 01 42 61 16 83
  Di–Sa 12–14.30 und 19–23 Uhr

Bofinger €€ 🏮 H4
Monsieur Bofinger wagte hier 1864 eine eigenwillige Speisekreation: Sauerkraut mit Meeresfrüchten, auch heute noch ein Kassenschlager. Das Ganze im reinsten Belle-Époque-Dekor mit viel geschliffenem Glas, Kupfer, Lederbänken und vielen Spiegeln.
• 5–7, rue de la Bastille | 4. Arr.
  Ⓜ Bastille
  Tel. 01 42 72 87 82
  www.bofingerparis.com
  tgl. 12–15, 18.30–23 Uhr

Schräg gegenüber isst man ebenfalls gut im **Petit Bofinger** €–€€ 🏮 H4; das Ambiente spiegelt hier die 1950er-Jahre.
• 6, rue de la Bastille | 4. Arr.

Brasserie Floderer €€ 🏮 G2
Zweifellos eine Institution, mit dem Bofinger einer der Klassiker unter den Pariser Brasserien. > mehr S. 14 Punkt ⓰
• 7, cour des Petites-Ecuries | 10. Arr.
  Ⓜ Château-d'Eau | Tel. 01 47 70 13 59
  www.floderer-paris.com
  Di–Sa 12–15 u. 19–24, So/Mo bis 23 Uhr

La Coupole € 🏮 E5
Die größte Pariser Brasserie, in der schon Picasso, Giacometti und Hemingway saßen,

als der Montparnasse in den 1920er-Jahren dem Montmartre den Rang ablief.

- 102, blvd. du Montparnasse | 14. Arr.
  Ⓜ Vavin
  Tel. 01 43 20 14 20
  www.lacoupole-paris.com
  tgl. 8–23, Sa, So, Fei bis 24 Uhr

Frenchie Restaurant €€ 📓 F3
Traditionelle französische Gerichte mit viel Fantasie und Talent neu komponiert. In der Küche des jungen Chefkochs Grégory Marchand weht ein frischer Wind.

- 5, rue du Nil | 2. Arr.
  Ⓜ Sentier | Tel. 01 40 39 96 19
  www.frenchie-restaurant.com
  Mo–Fr 18.30–22, Do, Fr auch 12–14 Uhr

Lipp €€ 📓 E4
Einst von Künstlern, heute von Politikern gern besuchte Brasserie aus der Zeit um 1900 mit klassisch französischer Küche.

- 151, blvd. St-Germain | 6. Arr.
  Ⓜ St-Germain des Prés
  Tel. 01 45 48 53 91
  www.brasserielipp.fr | tgl. 9–1 Uhr

Aux Lyonnais €€ 📓 F3
Der Bistro-Star am Sternenhimmel des Chefkochs Alain Ducasse, der dieses hundertjährige Traditionslokal vor der Schließung bewahrt hat. Ducasse kocht hier nicht selbst, deshalb bleibt es bezahlbar.

- 32, rue St Marc | 2. Arr.
  Ⓜ Richelieu Drouot
  Tel. 01 58 00 22 06
  www.auxlyonnais.com
  Di–Sa 19.30–22 Uhr, Di–Fr auch 12–14 Uhr

Au Petit Riche €€ 📓 F2
Blank poliertes Messing, Spiegel, Holzvertäfelungen und Spitzengardinen –

typischer für Paris kann ein Restaurant kaum sein. Die Weinkarte bestimmen Gewächse von der Loire.

- 25, rue Le Peletier | 9. Arr.
  Ⓜ Le Peletier
  Tel. 01 47 70 68 68
  www.restaurant-aupetitriche.com
  tgl. 12–14.30, 19–24, So bis 22.30 Uhr

Le Train Bleu €€ 📓 H5
1901 zur Weltausstellung eröffnet, steht das Restaurant schon lange unter Denkmalschutz › S. 134. Das überladene Belle-Époque-Ambiente tröstet darüber hinweg, dass man hier gute, aber keine Sterneküche serviert bekommt.

- In der 1. Etage der Gare de Lyon
  12. Arr. | Ⓜ Gare de Lyon
  Tel. 01 43 43 09 06
  www.le-train-bleu.com
  tgl. 11.30–15, 19–22.45 Uhr,
  Bar 7.30–22.30, Sa und So ab 9 Uhr

Wepler €€ 📓 E1
Das Wepler ist seit über 100 Jahren eine Institution an der Place de Clichy, nicht weit von Montmartres Place Pigalle entfernt. Unter der roten Markise warten allerlei Meeresfrüchte, v. a. aber Austern, auf ihren baldigen Verzehr.

- 14, pl. de Clichy | 18. Arr.
  Ⓜ Place de Clichy
  Tel. 01 45 22 53 24
  www.wepler.com
  tgl. 8–0.30 Uhr

Bouillon Chartier € 📓 F3
Seit über 100 Jahren ist das Chartier eine Adresse für Stammgäste, die nicht gern allein zu Hause essen. Hier geht's schnell und ist sehr günstig. Man steht Schlange für einfache Hausmannskost, die in einem riesigen Belle-Époque-Saal mit roten Sitz-

bänken von hektischen, aber effizienten Kellnern serviert wird (keine Reservierung möglich).

- 7, rue du Faubourg Montmartre | 9. Arr.
  Ⓜ Grands Boulevards
  Tel. 01 47 70 86 29
  www.bouillon-chartier.com
  tgl. 11.30–24 Uhr

Au Passage € 🔖 H3

Was hier auf den Tisch kommt, wird meist geteilt, und das gilt nicht nur für die Vorspeisen. Reelle Bistroküche in ungezwungener Atmoshäre, versteckt in einer schmalen Seitenstraße.

- 1 bis, passage Saint-Sébastien
  11. Arr. | Ⓜ Saint-Sébastien-Froissart
  Tel. 01 43 55 07 52
  www.restaurant-aupassage.fr
  Di–Sa 19–1.30 Uhr

BIORESTAURANTS

Le Bichat € 🔖 H3

Vegetarische Tagesgerichte, abwechslungsreich, sehr erschwinglich und gut.

- 11, rue Bichat | 10. Arr.
  Ⓜ Goncourt
  Tel. 09 54 27 68 97
  www.lebichat.fr
  tgl. 9–23 Uhr

Café Pinson € 🔖 G3

Puristisch eingerichtetes kleines Lokal mit kreativer und internationaler Bioküche; meist junges Publikum. Sonntags Brunch 12 und 14.30 Uhr.

- 6, rue du Forez (Verlängerung der Rue Perrée) | 3. Arr.
  Ⓜ République
  Tel. 09 83 82 53 53
  www.cafepinson.fr
  Mo–Fr 9–22, Sa 10–22, So 12–18 Uhr

INTERNATIONALE KÜCHE

L'Alcazar €€ 🔖 F4

Vom britischen Designpapst Sir Terence Conran zur schicken Restaurantadresse umgestaltete ehemalige Druckerei des 19. Jhs. Serviert wird internationale Haute Cuisine.

Das Restaurant Le Train Bleu, ein Schmuckstück der Belle Époque

- 62, rue Mazarine | 6. Arr.
  Ⓜ Odéon | Tel. 01 53 10 19 99
  www.alcazar.fr
  tgl. 12–14.30 und 19–1 Uhr,
  am Wochenende bis 2 Uhr

Chez Marianne €€ ▮ G4

Eine Institution im Marais mit riesigem
Angebot an Vorspeisen aus dem östlichen
Mittelmeerraum – berühmt sind die Falafel.
> mehr S. 14 Punkt ⓭ Die Rue des
Rosiers, Hauptschauplatz des jüdischen
Lebens im Marais, liegt direkt um die Ecke.
- 2, rue des Hospitalières St Gervais
  4. Arr. | Ⓜ Hotel de Ville
  Tel. 01 42 72 18 86
  tgl. 12–24 Uhr

Unico €€ ▮ J4

Wohin passt ein auf Fleischgerichte
spezialisiertes Restaurant besser als in
eine ehemalige Metzgerei? In einem
Ambiente mit orangefarbenen Lampen und
Fliesen im Schick der 1970er-Jahre kommen üppige Portionen der argentinischen
Küche auf den Tisch.

- 15, rue Paul Bert | 11. Arr.
  Ⓜ Faidherbe-Chaligny
  Tel. 01 43 67 68 08
  www.resto-unico.com
  Di–Sa 12–14.30, Mo–Sa 19–23 Uhr

Lao Siam € ▮ H/J2

Ausgezeichnete thailändische Küche, für
die Stammgäste gern abends Schlange
stehen. Wegen der eher kitschigen Innen-
dekoration kommen sie sicher nicht.
- 49, rue de Belleville | 19. Arr.
  Ⓜ Belleville
  Tel. 01 40 40 09 68
  tgl. 12–15 und 19–23.30 Uhr

WEINLOKALE

Que du bon €€ ▮ J2

Geht es hier mehr ums Essen oder um den
Wein? Die Weinkarte ist so reichhaltig, wie
die Speisen exzellent sind – immer noch
ein Geheimtipp im Pariser Nordosten.
- 22, rue du Plateau | 19. Arr.
  Ⓜ Buttes Chaumont
  Tel. 01 42 38 18 65
  www.restaurantquedubon.fr

Die Brasserie Lipp ist eine Institution der Rive Gauche

Di–Fr 12–14, 19.45–22.30 Uhr,
Sa nur abends

Verjus €€ 📘 F3

Gediegene Atmosphäre und vorzügliche
Weine, von einer jungen Equipe stilvoll
präsentiert. Dazu gibt es Kleinigkeiten zu
essen.

- 47, rue Montpensier | 1. Arr.
  Ⓜ Pyramides | Tel. 01 42 97 54 40
  http://verjusparis.com
  Mo–Fr 18–23 Uhr

La Cave de Belleville € 📘 J2

Hier dreht sich alles um edle und gute Weine; zum guten Tropfen serviert man große
Wurst- und Käseteller.

- 51, rue de Belleville | 19. Arr.
  Ⓜ Pyrénées | Tel. 01 40 34 12 95
  Di–Sa 10–24, Mo ab 17,
  So 11.30 bis 18.30 Uhr

Le Rubis € 📘 E3

Große Holzfässer vor dem Eingang locken
in dieses Bistro, das zu den ältesten des
Viertels gehört. Die deftigen und preiswer-
ten Gerichte reichen vom Linseneintopf bis
zur Schweinehaxe.

- 10, rue du Marché St-Honoré | 1. Arr.
  Ⓜ Pyramides
  Tel. 01 42 61 03 34
  Mo–Fr 7–22, Sa 9–15.30 Uhr, über Weih-
  nachten und im August geschl.

Taverne Henri IV € 📘 F4

Eine winzige Weinbar mit moderaten
Preisen mitten in der Innenstadt? Am Pont
Neuf im Schatten der Reiterstandbilds von
Heinrich IV. hat die gleichnamige Taverne
die Zeiten überdauert > S. 75.

- 13, place du Pont Neuf | 1. Arr.
  Ⓜ Pont Neuf | Tel. 01 43 54 27 90
  tgl. 8–23 Uhr

CAFÉS UND SALONS DE THÉ

Angélina €€ 📘 E3

Das 1903 von Antoine Rumpelmeyer
gegründete Café ist berühmt für sein
authentisches Dekor, v. a. aber für die grandiose Patisserie und die heiße Schokolade.
> mehr S. 14 Punkt ⑭ Spaßvögel be-
haupten, der Löffel bleibe darin stehen, so
reichhaltig sei das Getränk.

- 226, rue de Rivoli | 1. Arr.
  Ⓜ Tuileries
  Tel. 01 42 60 82 00

PARISER BRASSERIEN

- **Bofinger:** Warum nur gibt es hier
  so viele Spiegel? Nicht für eitle
  Gäste, sondern um den Raum optisch zu vergrößern. Unter der
  Glaskuppel isst es sich am stil-
  vollsten. > S. 33
- **Brasserie Floderer:** Liegt versteckt in einem multikulturellen
  Viertel im 10. Arrondissement –
  die Küche ist dafür um so traditioneller. > S. 33
- **La Coupole:** Auch spät am Abend
  bekommt man im Art-déco-
  Ambiente dieser größten aller
  Pariser Brasserien noch etwas zu
  essen. > S. 33
- **Lipp:** Sie wurde (und wird) gern
  als die »Kantine von St-Germain«
  bezeichnet; viele Stammgäste
  kommen aus dem nahen Regie-
  rungsviertel. > S. 34
- **Wepler:** Diese Brasserie gibt sich
  eher bescheiden und wirkt daher
  sehr einladend, dabei gehört sie
  zu den ältesten von Paris. > S. 34

http://angelina-paris.fr
Mo–Fr 7.30–19, Sa, So 8.30 bis 19.30 Uhr

Café de Flore €€ E4
Sartre und Camus haben hier schon viel
Kaffee getrunken, diskutierend über ihre
Manuskriptseiten gebeugt. Das Café im Stil
der 1930er-Jahre ist ein »Muss« beim Ein-
tauchen ins Viertel St-Germain-des-Prés.
• 172, blvd. St Germain | 6. Arr.
Ⓜ St-Germain des Prés
Tel. 01 45 48 55 26 | http://cafedeflore.fr
tgl. 7.30–1.30 Uhr

Les Deux Magots €€ 📖 E4
Hier war früher das Literatencafé schlecht-
hin, denn schon 1933 wurde im Deux Magots
ein Literaturwettbewerb ins Leben gerufen. Heute sind es eher die Paris-Besucher,

KAFFEE UND KUCHEN IN PARIS

• **Café de Flore:** Hier haben einst
  schon berühmte Zeitgenossen zur
  Kuchengabel gegriffen, und deshalb schmeckt vielen der Kuchen
  noch besser. > S. 38
• **Les Deux Magots:** Sind es die vielen verschiedenen Tartes oder
  Blätterteigschnitten, die ins Deux
  Magots locken, oder doch eher
  der Ausblick aufs vorbeiflanieren-
  de Boulevardpublikum? > S. 38
• **Ladurée:** Probieren Sie die echten Pariser *macarons*, eine gelun-
  gene Kreuzung aus Plätzchen und
  Meringuen, unbedingt hier im
  Stammgeschäft. Die Farbe gibt
  die Geschmacksrichtung an.
  > S. 38

die im »Aquarium«, der verglasten
Terrasse, ihren sündhaft teuren Kaffee
schlürfen.
• 6, place St-Germain-des-Prés
  6. Arr. | Ⓜ St-Germain-des-Prés
  Tel. 01 45 48 55 25
  www.lesdeuxmagots.fr
  tgl. 7.30–1 Uhr

Ladurée €€ 📖 E3
Das 1862 von Louis Ernest Ladurée als einfache Bäckerei eröffnete Geschäft verwandelte sich zur Zeit Baron Haussmanns in
eine Konditorei. *Macarons* sind seither die
Spezialität von Ladurée, und die (teuren)
Frühstücke ein Genuss am frühen Morgen.
• 16–18, rue Royale | 8. Arr.
  Ⓜ Madeleine | Tel. 01 42 60 21 79
  www.laduree.com
  Mo–Sa 8–20, So 9–19 Uhr

Mariage Frères €€ 📖 G4
Die Pariser Tee-Institution seit 1854.
Im ersten Stock gibt es einen stilvollen Salon, im Erdgeschoss alle erdenklichen Tees.
> mehr S. 17 Punkt ㉝ Wer im Salon
schwarzen Tee möchte, muss *un thé* bestellen, andere aufgebrühte Getränke wie
etwa Kräutertees heißen *infusion*.
• 30, rue du Bourg Tibourg | 4. Arr.
  Ⓜ Hotel de Ville
  Tel. 01 42 72 28 11
  www.mariagefreres.com
  tgl. 10.30–19.30 Uhr

Le Valentin €€ 📖 F3
Gemütlicher Teesalon unter dem Glasdach
der lichtdurchfluteten Passage Jouffroy
> S. 91.
• 30, Passage Jouffroy | 9. Arr.
  Ⓜ Grands Boulevards
  Tel. 01 47 70 88 50
  tgl. 8.30–19.30, So ab 10 Uhr

Das Stammgeschäft von Ladurée in der Rue Royale. In Paris gibt es zehn weitere Filialen

SHOPPING

In Paris waren Luxusgüter immer schon ein wichtiger Wirtschaftsfaktor. Nicht zufällig wurden sie im frühen 19. Jh. als »articles de Paris« bezeichnet, und hinter vielen heute berühmten Namen verbirgt sich eine lange Firmengeschichte.

Doch das Pariser Konsumparadies ist natürlich nicht auf die weltberühmten Luxus- und Modemarken wie Louis Vuitton, Hermès, Dior & Co. beschränkt, sondern besticht auch durch seine *grands magasins,* die großen Kaufhäuser, und die breit gefächerte Palette des Lebensmitteleinzelhandels vom Delikatessengeschäft bis zur einfachen *fromagerie* mit ihren Hunderten von Käsesorten. Hier zeigt sich das sprichwörtliche Savoir-vivre der Franzosen besonders deutlich.

Das typische Pariser Mitbringsel gibt es nicht, sieht man einmal von Broten oder Käsereiben in Eiffelturm-Form ab. Doch ist auch die edle Kristallschale von Lalique oder der teure Seidenschal von Hermès ein Stück Paris, denn viele französische Nobelmarken haben hier ihren Hauptsitz. Süße *macarons* von Ladurée verlängern ebenso die Erinnerung an den Parisbesuch wie die Chansons der Juliette Gréco oder die Liedtexte von Zaz. Wem bereits ein ausgedehnter Schaufensterbummel ein Genuss ist, der kommt in der effektvoll in Szene gesetzten Vorweihnachtszeit auf dem Boulevard Haussmann auf seine Kosten.

KAUFHÄUSER
Le Bon Marché ▉ E4/5
Schon Emile Zola hat dieses erste der großen Pariser Kaufhäuser in einem Roman
beschrieben. In diesem einzigen *grand
magasin* auf der linken Seine-Seite findet
sich alles vom neuesten Modeaccessoire
bis hin zum sündhaft teuren Hochzeits-
geschirr. Billig *(bon marché)* ist hier aber
sicher nichts > S. 118.
- 24, rue de Sèvres | 7. Arr.
  Ⓜ Sèvres – Babylone
  www.lebonmarche.com
  Mo–Mi, Sa 10–20, Do 10–20.45, Fr 10–20,
  So 11–19.45 Uhr

Galeries Lafayette ▉ E2
Über mehrere Straßenblocks dehnt sich
das Stammhaus der Galeries Lafayette
> S. 87 aus. Auf mehreren Etagen sind
Kreationen aller großen Designer zu
finden. Passende Champagnerflöten zum
neuen Cocktailkleid gibt es gegenüber bei
Lafayette Maison.
- 40, blvd. Haussmann | 9. Arr.
  Ⓜ Chaussée d'Antin Lafayette
  www.galerieslafayette.com
  Mo–Sa 9.30–20.30, So 11–20 Uhr

Merci ▉ H4
Das kleine, etwas andere Kaufhaus ist
angefüllt mit Designerobjekten und -kla-
motten. Mit den Einkünften unterstützt
Merci Kinder auf Madagaskar.
- 111, blvd. Beaumarchais | 3. Arr.
  Ⓜ Saint Sébastien-Froissart
  www.merci-merci.com
  Mo–Sa 10–19.30 Uhr

Printemps ▉ E2
Das riesige Kaufhaus ist ein Baudenkmal
aus der Zeit Napoleons III. Eine wunder-
schöne Glaskuppel bekrönt das Restaurant.

Die Modeabteilung führt alle bekannten
Designerlabels.
- 64, blvd. Haussmann | 9. Arr.
  Ⓜ Havre-Caumartin
  www.printemps.com
  Mo–Sa 9.35–20, Do bis 20.45, So 11–19 Uhr

LEBENSMITTELMÄRKTE
Marché d'Aligre ▉ H5
Alle Sinne werden angesprochen in dieser
alten überdachten Pariser Markthalle. Die
Stände der Metzger, Käse- und Gemüse-
händler beeindrucken im Innern, draußen
geht es eher multikulturell zu – Atmosphäre garantiert > S. 133.
- Place d'Aligre | 12. Arr.
  Ⓜ Ledru Rolin
  http://marchedaligre.free.fr
  Di–So 9–13, Di–Fr 16–19.30,
  Sa 15–19.30 Uhr

Marché Boulevard Raspail ▉ E5
Wochenmarkt im eleganten 6. Arr.
- Zwischen Rue de Rennes und Rue
  du Cherche-Midi | 6. Arr.
  Ⓜ Rennes
  Di, Fr 7–14.30, So (Biomarkt) 9–15 Uhr

Marché Brancusi ▉ D/E6
Spezialisiert auf Bioprodukte.
- Place Brancusi (Rue de l'Ouest)
  14. Arr. | Ⓜ Gaîté | Sa 9–15 Uhr

Marché Place des Fêtes ▉ J2
Riesiger Wochenmarkt vor allem mit vielen
Fischständen > S. 138.
- Ⓜ Place des Fêtes | 19. Arr.
  Di, Fr, So 7–14.30 Uhr

MODE
Vanessa Bruno ▉ E/F4
Junger Stern am Pariser Modehimmel,
schlicht und manchmal verspielt.

• 25, rue St-Sulpice | 6. Arr.
  Ⓜ St-Sulpice
  www.vanessabruno.com

Nous 📗 E3

Absolutes Muss für alle, die auf dem Laufenden bleiben wollen in Sachen Fashion
und Design. »Concept Store« im puristi-
schen Beton-Design. Hinter dem Tresen
stehen die Ex-Mitarbeiter des legendären
Colette-Store, der 2017 seine Tore schloss.
• 48, rue Cambon | 1. Arr.
  Ⓜ Madeleine
  https://nous.paris
  Mo–Sa 11–19 Uhr

Gérard Darel 📗 G4

In einem der lebhaftesten Viertel im Marais
hat auch ein Klassiker unter den französischen Modehäusern eine vielbesuchte
Boutique.

• 41, rue des Francs-Bourgeois | 4. Arr.
  Ⓜ Saint-Paul
  www.gerarddarel.com

Hermès 📗 D3

Vom Sattlergeschäft zur Luxusmarke: Hermès ist heute für seine exquisiten Seiden-
tücher bekannt.
• 24, rue du Faubourg-St-Honoré
  8. Arr.
  Ⓜ Madeleine
  www.hermes.com

Jérome L'Huillier 📗 F3

Elegante, dennoch ausgefallene junge
Pariser Mode zu stolzen Preisen.
• 138–139, Galerie de Valois (Jardin du
  Palais Royal) | 1. Arr.
  Ⓜ Palais Royal – Musée du Louvre
  www.jeromelhuillier.com
  Mo–Sa 11–19 Uhr

Der Marché d'Aligre erstreckt sich auch auf
die Straßen rings um um die Markthalle

Frankreich ohne edlen Käse ist gar nicht vorstellbar

Louis Vuitton  C3

Ein Konsumtempel der Luxusklasse und
ein Paradies für alle, die edle Handtaschen
lieben, ist das Stammhaus der Edelmarke
Louis Vuitton.

- 101, ave. des Champs-Élysées
  8. Arr. | Ⓜ Georges V.
  www.louisvuitton.com
  Mo–Sa 10–20 Uhr, So 11–19 Uhr

Zadig & Voltaire  D3

Die Modekreationen von Zadig & Voltaire
wirken zunächst recht klassisch, auf den
zweiten Blick zeigt sich aber Raffinesse,
die unkonventionell und lässig daher-
kommt.

- 8–20, rue François 1er | 8. Arr.
  Ⓜ Franklin D. Roosevelt
  www.zadig-et-voltaire.com
  Mo–Sa 10–19 Uhr

PARFÜM

Guerlain  C3

Nach wie vor ist Guerlain eine der mon-
dänsten und berühmtesten Parfümerien
der Stadt. Das 1914 errichtete Gebäude an
den Champs-Élysées ist allein schon einen
Besuch wert.

- 68, ave. des Champs-Élysées | 8. Arr.
  Ⓜ Franklin-D.-Roosevelt
  www.guerlain.com

Sephora  C3

Schier unerschöpfliche Auswahl an
Parfüms und Kosmetik im größten
Geschäft der französischen Handelskette
Sephora.

- 70–72, ave. des Champs-Élysées
  8. Arr. | Ⓜ Georges V.
  www.sephora.fr
  tgl. 10–23.30 Uhr

Palais Royal – Serge Lutens F3

Kleine, aber durchgestylte Boutique mit exotischen Düften.

- 142, Galerie de Valois | 1. Arr.
  Ⓜ Palais Royal – Musée du Louvre
  http://de.sergelutens.com
  Mo–Sa 11–19 Uhr

SCHOKOLADE

Chocolat Michel Cluizel E3

Das 1987 eröffnete Haus ist der Klassiker unter den Pariser Chocolatiers mit Familientradition.

- 201, rue St-Honoré | 1. Arr.
  Ⓜ Tuileries | www.cluizel.com
  Mo–Sa 10–19 Uhr

Chocolaterie Patrick Roger F4

Hier gibt es neben klassischen Pralinen auch neue Kreationen mit Früchten und Gewürzen. Alleine schon das Boutique-Design ist einen Besuch wert.

- 108, blvd. St-Germain | 6. Arr.
  Ⓜ Odéon
  www.patrickroger.com
  tgl. 10.30–19.30 Uhr

WEIN

Les Caves Taillevent C2

Das exklusivste Weingeschäft in Paris mit kaum überschaubarer Auswahl.

- 228, rue du Faubourg-St-Honoré
  8. Arr. | Ⓜ Ternes
  www.lescavesdetaillevent.com
  Mo–Sa 10–19.30 Uhr

Legrand Filles & Fils F3

Von der idealen Dekantierkaraffe über elegante Gläser bis hin zur Verkostung von edlen Gewächsen aus Frankreich und der ganzen Welt gibt es hier alles, was mit der Welt des Weins zu tun hat. > **mehr S. 14 Punkt** ⑰

- 1, rue de la Banque | 2. Arr.
  Ⓜ Bourse | www.caves-legrand.com
  Mo 11–19, Di–Fr 10–19.30,
  Sa 10.30–19.30 Uhr

KÄSE

Androuet F5

Edle Fromagerie für die kulinarische Käsetour durch Frankreich.

- 134, rue Mouffetard | 5. Arr.
  Ⓜ Censier – Daubenton
  Di–Fr 9.30–13 und 16–19.30 Uhr,
  Sa 9.30–19.30, So 9.30–13.30 Uhr

Fromagerie Lepic E1

Ein Käsehändler, wie er im Buche steht, in der lebhaftesten Lebensmittelmeile des Montmartre.

- 20, rue Lepic | 18. Arr.
  Ⓜ Blanche
  Di–Sa 8.30–12.30 und 15.30–20 Uhr,
  So 8.30–12.30, Mo geschl.

KÜCHE UND KOCHEN

E. Dehillerin F3

Die erste Adresse in Paris, wenn es um professionelle Küchengeräte geht.

> **mehr S. 19 Punkt** ㊶

- 18–20, rue Coquillière | 1. Arr.
  Ⓜ Les Halles
  www.e-dehillerin.fr
  Di–Sa 9–18, Mo 9–12.30, 14–18 Uhr

La Grande Epicerie E4/5

Alles, was man vielleicht irgendwann und irgendwo mal auf einer Reise gekostet hat, bekommt man hier: vom skandinavischen Mineralwasser in ausgefallener Flasche bis zur exotischen Frucht.

- 38, rue de Sèvres | 7. Arr.
  Ⓜ Sèvres-Babylone
  www.lagrandeepicerie.fr
  Mo–Sa 8.30–21, So 10–20 Uhr

Izraël Épicerie du Monde 🔳 G4

Auf jedem Quadratzentimeter stehen duftende Kräuter und Gewürze aus der ganzen Welt. > mehr S. 18 Punkt **37**

- 30, rue François-Miron | 4. Arr.
  Ⓜ St-Paul
  Di–Fr 9.30–13 und 14.30–19 Uhr

ANTIQUITÄTEN UND TRÖDEL
Carré Rive Gauche 🔳 E4

Die vielleicht exklusivsten Antiquitätengeschäfte finden sich im Carré Rive Gauche im 7. Arrondissement zwischen Quai Voltaire, Rue des Saints-Pères, Rue de Beaune und Rue de Lille.

- Ⓜ St-Germain des Prés
  www.carrerivegauche.com

Marché aux puces de St-Ouen

Nach eigenen Angaben der größte Flohmarkt der Welt, jedenfalls nicht an einem einzigen Tag zu bewältigen. Der schönste Teil mit seinen kleinen Gässchen und den vollgestopften Läden liegt etwas jenseits der Stadtgrenze im Vorort St-Ouen.

- 138/140 Rue des Rosiers
  Saint-Ouen Ⓜ Porte de Clignancourt
  www.les-puces.com
  Sa–Mo 9–18 Uhr

Village St-Paul 🔳 G4

Antiquitäten aller Art und jeden Alters bis in die 1970er-Jahre finden sich im Angebot der knapp 80 Läden in einem historischen Quartier mitten im Marais-Viertel.

- Zwischen Seine, Rue Charlemagne, Rue des Jardins de St-Paul und Rue St-Paul | 4. Arr.
  Ⓜ St-Paul
  www.levillagesaintpaul.com
  Geschäfte mit unterschiedlichen Öffnungszeiten

ANTIQUARIATE
Librairie Bonnefoi 🔳 F5

Eine Institution für Liebhaber alter Bücher zu fast allen Wissensgebieten, von Alchimie bis Utopie.

- 1–3, rue de Médicis | 6. Arr.
  Ⓜ Odéon
  www.bonnefoi-livres-anciens.com
  Mo–Fr 10–12.30 und 14–19 Uhr

Marché du livre ancien et d'occasion 🔳 C6

Büchermarkt für Raritätensammler, die nach vergriffenen Auflagen, seltenen Romanausgaben oder *bandes dessinées* (Comics) fahnden.

 GROSSMARKT RUNGIS FÜR FRÜHAUFSTEHER

Der Besuch der Pariser Großmarkthallen im südlichen Vorort Rungis, einer der größten Märkte der Welt, ist ein Muss für alle, die gern kochen oder vor allem des guten Essens wegen nach Paris kommen. Auf 232 ha verteilt liegen die Hallen für Fisch, Fleisch, Käse, Früchte, Gemüse und Blumen.

Jeden zweiten Freitag fährt ein Bus von der Place Denfert-Rochereau morgens um 4 Uhr nach Rungis, vorausgesetzt, dass sich mindestens 25 Teilnehmer übers Internet oder telefonisch für die von einem Experten geleitete Rungis-Führung gemeldet haben. Um 7.45 Uhr gibt es ein deftiges Markthallenfrühstück mit Wurst, Käse, Wein (!) und Kaffee (www.visiterungis.com, contact@cultival.fr; 85 € pro Person). > mehr S. 12 Punkt **5**

Kunst und Krempel auf dem Marché aux puces de St-Quen

- Rue Brancion
  im Parc Georges-Brassens | 15. Arr.
  Ⓜ Porte de Vanves
  Sa, So 9–18 Uhr

BÜCHER UND CDS
FNAC
Riesige Auswahl an aktuellen Büchern,
CDs und DVDs in den großen Filialen in
Paris, z. B.
- im Forum des Halles | 1. Arr.
  Ⓜ Les Halles ▌ F 3
- oder am Montparnasse:
  136, rue de Rennes | 6. Arr.
  Ⓜ St-Placide ▌ E 5
- oder an der Gare Saint-Lazare:
  Passage du Havre
  109, rue Saint-Lazare | 9. Arr.
  Ⓜ St-Lazare ▌ E 2
  www.fnac.com
  Mo–Sa 10–20, Do, Fr bis 20.30,
  So 11–19 Uhr

Musée du Louvre > S. 75 ▌ F 4
Die Museumsbuchhandlung des Lovre
hat eine riesige Auswahl an Kunstbüchern
und Kunstzeitschriften. > mehr S. 18
Punkt ㉟

Librairie Allemande ▌ F 5
Wer auf der Suche nach deutschsprachiger
Lektüre ist, wird hier fündig.
- 2, rue du Sommerard
  5. Arr.
  Ⓜ Cluny-La Sorbonne
  Mi–Sa 11–13 und 15–20 Uhr

Shakespeare & Co ▌ F 4
Originelle, 1951 gegründete Buchhandlung
im Quartier Latin.
- 37, rue de la Bûcherie
  5. Arr.
  Ⓜ Maubert-Mutualité
  www.shakespeareandcompany.com
  tgl. 10–22 Uhr

AM ABEND

Das Pariser Nachtleben ist anspruchsvoll, bunt und abwechslungsreich. Allerdings ist das Preisniveau meist hoch, und alternatives, preisgünstiges oder sogar kostenloses Kulturschaffen findet sich in Paris weitaus seltener als etwa in Berlin.

Die französische Hauptstadt profitiert nach wie vor von ihrem ausgezeichneten Ruf als Kunst- und Kulturmetropole. Als Impulsgeber oder Trendsetter ist Paris hingegen heutzutage (noch) weniger bekannt.

Über 100 Theater konkurrieren in Paris allabendlich um die Gunst des Publikums. Orgelkonzerten kann man (meist kostenlos) in den Kirchen Notre-Dame, St-Eustache, St-Sulpice oder Madeleine lauschen. Auch in der Ste-Chapelle steht Klassik auf dem Programm.

OPER, THEATER, KONZERTE

Bouffes du Nord ▌ G1
Aus dem »Centre International de Recherche Théâtrale« hervorgegangenes Theater des international bekannten und äußerst experimentierfreudigen Regisseurs Peter Brook.
• 37 bis, blvd. de la Chapelle | 10. Arr.

> 💬 **FÜR KINOFREUNDE**

Ein Lieblingszeitvertreib der Pariser bleibt der Kinobesuch. Mit über 300 Lichtspielhäusern ist die Auswahl überwältigend. Denkmalgeschützte Kinopaläste sind etwa **La Pagode** ▌ D4 (57, rue de Babylone, Ⓜ Saint-François-Xavier, seit einigen Jahren in Renovierung!) aus der Zeit um 1900, das eine japanische Pagode imitiert, und das grandiose **Grand Rex** ▌ F3 (1, blvd. Poissonnière, Ⓜ Bonne Nouvelle, www.legrandrex.com) mit 2650 Plätzen.

Ⓜ La Chapelle | Tel. 01 46 07 34 50
www.bouffesdunord.com

Cité de la Musique ▌ J1
Konzerte klassischer und zeitgenössischer Musik auf dem Gelände des Parc de la Villette > S. 135.
• 221, ave. Jean-Jaurès | 19. Arr.
   Ⓜ Porte de Pantin
   Tel. 01 44 84 44 84
   www.citedelamusique.fr

Comédie Française ▌ F3
Der Musentempel Frankreichs. Im Foyer steht der Stuhl, auf dem Molière der Tod ereilte – mitten während einer Vorstellung seines Stücks »Der eingebildete Kranke«.
• 1, place Colette | 1. Arr.
   Ⓜ Palais Royal – Musée du Louvre
   Tel. 01 44 58 15 15
   www.comedie-francaise.fr

**Opéra national de Paris –
Opéra Bastille** ▌ H4
Die Pariser Nationaloper an der Place de la Bastille ist eines der weltgrößten Opernhäuser > S. 132.

- 120, rue de Lyon | 12. Arr.
  Ⓜ Bastille
  Tel. 08 92 89 90 90
  www.operadeparis.fr

Opéra national de Paris –
Palais Garnier ▮ E3
In der alten Oper gibt es v. a. klassisches
Ballett > S. 87.
- Place de l'Opéra | 9. Arr.
  Ⓜ Opéra | Tel. 08 92 89 90 90
  www.operadeparis.fr

Philharmonie de Paris ▮ J1
Der spektakuläre, silbrig glänzende und
von Stararchitekt Jean Nouvel erdachte
Bau beherbergt die Philharmonie mit 2400
Sitzplätzen > S. 135.
- 221, ave. Jean-Jaurès | 19. Arr.
  Ⓜ Porte de Pantin
  Tel. 01 44 84 44 84
  www.philharmoniedeparis.com

Théâtre des Champs-Élysées ▮ C3
Theaterbau von 1913 für Opern, Ballette
und Konzerte > S. 103.

- 15, ave. Montaigne | 8. Arr.
  Ⓜ Alma-Marceau | Tel. 01 49 52 50 50
  www.theatrechampselysees.fr

BARS, KLUBS UND DISKOTHEKEN
Le Batofar ▮ H6
Wo könnte sich eher ein Untergrundklub
einnisten als auf einem ausgemusterten
Feuerschiff, das auf der Seine in Paris vor
Anker liegt? Underground, Punk, Techno,
House und Soul, häufig live, lassen Stim-
mung und Temperatur unter Deck steigen.
- 11, quai François Mauriac | 13. Arr.
  Ⓜ Quai de la Gare | Tel. 01 53 60 17 30
  www.batofar.fr
  Konzerte 19–23, Klub 23.30–6 Uhr

Mona Lisa ▮ F3
Szenetreff mit Restaurant und sehr
gemischtem Publikum, das in gediegener
Atmosphäre ausgelassen feiert.
- 47, rue Berger | 1 Arr.
  Ⓜ Louvre-Rivoli | Tel. 01 40 13 12 12
  www.monalisaparis.fr
  Restaurant Di–Sa 19–23,
  Club Fr, Sa 23–5 Uhr

Das Palais Garnier (Opéra national de Paris) glänzt in der Pracht der Belle Époque

Mehr als nur cool – eiskalt ist es im Ice Kube

Expérimental Cocktail Club ▮ F3
Billig sind gute Cocktails nie zu haben,
aber im ECC bleiben sie erschwinglich –
und das mit Klasse. Die Bartender hatten
schon Shaker in den USA und London zwischen den Fingern.
- 37, rue Saint-Sauveur | 2. Arr.
  Ⓜ Sentier
  Tel. 01 45 08 88 09
  www.experimentalevents.com/paris
  Mo–Mi 18.30–2, Do bis 3, Fr, Sa bis 4 Uhr

Ice Kube ▮ G1
Zutritt nur mit Daunenjacke (kann ausge-
liehen werden), denn hier herrschen permanent minus 18 °C! Für 26 € Eintritt kann
man während 25 Minuten vier Wodka-Cock-
tails runterstürzen. Manch einer soll danach schon Eisbären gesehen haben.
- 1–5, passage Ruelle | 18 Arr.
  Ⓜ La Chapelle
  Tel. 01 42 05 20 00
  www.kubehotel-paris.com
  Di 19.30–21, 22.30–23, Mi–Sa 19–2 Uhr

Rexclub ▮ F3
Einer der besten Technoklubs weltweit findet sich unter dem Rex-Kinopalast.
- 5, blvd. Poissonnière | 2 Arr.
  Ⓜ Bonne Nouvelle | Tel. 01 42 36 10 96
  www.rexclub.com | Do–Sa 23.30–7 Uhr

Social Club ▮ F3
Breit gefächertes Musikprogramm und
Publikum in einer ehemaligen Druckerei.
- 142, rue Montmartre | 2. Arr.
  Ⓜ Bourse oder Grands Boulevards
  Tel. 01 40 28 05 55
  www.parissocialclub.com
  Do–Sa 23–6 Uhr

Udobar ▮ H3
Deutsche mit Heimweh sind in der Udobar
mit einem Hauch Berlinflair richtig. Pariser
Undergroundclub bei Currywurst und
Kölsch – aber nicht nur.
- 4 bis, rue Neuve-Popincourt | 11. Arr.
  Ⓜ Parmentier | Tel. 01 49 29 06 36
  www.udobar.com | Di–Sa 18.30–2 Uhr

Wanderlust 📘 H5/6

Restaurant, Freilichtkino (Sommer) und
v. a. Klub im futuristischen Bau der alten
Pariser Hafendocks, der heute die Cité de
la Mode et du Design beherbergt.

• 2, quai d'Austerlitz | 13. Arr.
Ⓜ Quai de la Gare
www.wanderlustparis.com
tgl. ab 23 Uhr bis zum Morgengrauen

TANZ, CABARET UND CHANSON
Lido de Paris 📘 C2/3

Der Pariser Klassiker unter den aufwendig
inszenierten Tanzrevuen > S. 101.

• 116, ave. des Champs-Élysées | 8. Arr.
Ⓜ George V | Tel. 01 40 76 56 10
www.lido.fr | Revuen 19, 21 und 23 Uhr

Moulin Rouge 📘 E1

Seit seiner Eröffnung 1889 in Paris beinahe
so berühmt wie der Eiffelturm. Von hier
aus trat der französische Cancan seinen
Siegeszug an > S. 96.

• 82, blvd. de Clichy | 18. Arr.
Ⓜ Blanche | Tel. 01 53 09 82 82
www.moulinrouge.com
Revuen 19, 21 und 23 Uhr

Olympia 📘 E3

Zum Glück vor dem Abriss geretteter
legendärer Pariser Konzertsaal, den
Kultusminister Jack Lang 1993 zum
nationalen Kulturgut erklärte; v. a. Auftritte
französischer Chansoniers.

• 28, blvd. des Capucines | 9. Arr.
Ⓜ Madeleine | Tel. 0892 68 33 68
www.olympiahall.com

Rosa Bonheur 📘 J2

Eine echte Guinguette (Bar mit Musik) mitten im Park. Angesagter Treffpunkt benannt nach einer Malerin des 19. Jhs. Hier
kann gegessen und getanzt werden.

• 2, allée de la Cascade
(Parc des Buttes Chaumont)
19. Arr. | Ⓜ Botzaris
Tel. 01 42 00 00 45 | www.rosabonheur.fr
Mi–Fr 12–24, Sa–So 10–24 Uhr

Le Vieux Belleville 📘 J2/3

Wer Akkordeonmusik und Chansons hören
möchte, ist hier richtig.

• 12, rue des Envierges | 20. Arr.
Ⓜ Pyrénées | Tel. 01 44 62 92 66
www.le-vieux-belleville.com
Mo–Fr 11–15, Do–Sa 20–2 Uhr

JAZZKLUBS
Le Caveau de la Huchette 📘 F4

Über 60 Jahre Jazztradition vom Feinsten
in jahrhundertealten Gewölben.

• 5, rue de la Huchette | 5. Arr.
Ⓜ Cité | Tel. 01 43 26 65 05
www.caveaudelahuchette.fr
tgl. 21.30–2.30 Uhr, Do–Sa bis in den
frühen Morgen

Le Duc des Lombards 📘 F4

Der Klub mit Restaurant ist der Haupttreff-
punkt der lebendigen Pariser Jazzszene.
> mehr S. 13 Punkt ❽

• 42, rue des Lombards | 1. Arr.
Ⓜ Châtelet | Tel. 01 42 33 22 88
www.ducdeslombards.com
tgl. Konzerte ab 20 Uhr

💬 **WAS, WANN UND WO?**

Im *L'Officiel des spectacles*
steht's: Das Heftchen zu 1 € ist
immer mittwochs an jedem
Kiosk erhältlich und listet
wöchentlich sämtliche (!) Veranstaltungen auf, die Paris zu
bieten hat (www.offi.fr).

Hinter der Place du Tertre erhebt
sich die Basilika Sacré-Cœur

LAND & LEUTE

STECKBRIEF

- **Fläche:** 105,16 km²
- **Geografische Lage:**
  2° 21' östlicher Länge
  und 48° 52' nördlicher
  Breite (wie Stuttgart)
- **Einwohnerzahl:**
  2,2 Mio., Großraum:
  12,3 Mio.
- **Bevölkerung:**
  überwiegend Franzosen, aber der Aus-
  länderanteil beträgt 15 %, wobei die
  Asiaten die größte ausländische Bevöl-
  kerungsgruppe stellen.
- **Bevölkerungsdichte:** mit 20 426
  Einwohnern pro km² einer der am dich-
  testen besiedelten Stadträume Europas
- **Verwaltungseinheiten:** Paris ist in 20 Arrondissements unterteilt.
- **Sprache:** Französisch

- **Religion:** Katholisch getauft sind die
  meisten Franzosen, doch Kirchgänger
  sind die wenigsten. Die zweithäufigste
  Religion stellt der Islam dar.
- **Landesvorwahl:** 00 33
- **Währung:** Euro (€)
- **Zeitzone:** MEZ

LAGE UND STRUKTUR

Paris liegt in einer Senke, die nach
Norden hin durch zwei zur Stadt
gehörende Hügel begrenzt wird. Sie
steigen am Montmartre und im
Stadtteil Belleville bis auf knapp
130 m an. Weitere, niedrigere Erhe-
bungen sind die Montagne St-Ge-
neviève im Zentrum und der Hügel
von Chaillot im Westen.

Die Seine, der drittlängste Fluss
Frankreichs, durchquert die Stadt in
einem weiten Bogen von Südosten
nach Südwesten. Die beiden Seine-
Inseln, die große Île de la Cité und
die kleinere Île St-Louis, bilden das
historische und geografische Zentrum von Paris. 37 Brücken, davon
fünf reine Fußgängerbrücken, über-

spannen den Fluss. Die letzte Hoch-
wasserkatastrophe datiert ins Jahr
1910, doch wird seit 2002, als das
Elbehochwasser auch Frankreich
aufschreckte, an Plänen gearbeitet,
um für ein eventuelles Hochwasser
der Seine in Paris gerüstet zu sein.

Die Region um Paris, mittlerweile nahezu identisch mit dem ur-
banen Ballungsraum, wird Île-de-
France genannt.

Die Stadt ist seit 1860 in 20 Bezir-
ke eingeteilt, die sogenannten Arrondissements. Deren Zählung beginnt im Bezirk um den Louvre und
erfolgt im Uhrzeigersinn spiralför-
mig nach außen.

Links der Seine, auf der Rive
Gauche, liegen das 5. bis 7. und das

13. bis 15. Arrondissement. An den letzten beiden Ziffern der Postleitzahl lässt sich die Zugehörigkeit einer Adresse zu einem bestimmten Arrondissement ablesen. Unterteilt sind die Arrondissements wiederum in Quartiers (Viertel), wobei jedes Arrondissement genau vier Quartiers umfasst.

STAAT UND POLITIK

Paris war seit dem frühen 12. Jh. die Hauptstadt des französischen Königreichs. Nach der Französischen Revolution von 1789 lernte Paris republikanische, imperiale und monarchistische Herrschaftsformen kennen, bis es 1870 zur Hauptstadt der Republik Frankreich wurde.

Der Sitz des Präsidenten (im Palais de l'Élysée) und des Premierministers (im Hôtel de Matignon) sowie die meisten Ministerien befinden sich in Paris. Präsident ist seit 2017 Emmanuel Macron, der die von ihm selbst gegründeten Partei *La République en Marche !* anführt.

Im April 2014 löste Anne Hidalgo den langjährigen Pariser Oberbürgermeister Bertrand Delanoë als Stadtoberhaupt ab. Sie war lange seine enge Mitarbeiterin und ist seitdem die erste Oberbürgermeisterin von Paris.

WIRTSCHAFT

Paris ist eine typische Stadt des Dienstleistungsgewerbes. Seit Langem gibt es hier keine Industriebetriebe mehr. Dafür werden viele große Firmen von der Hauptstadt aus geleitet. Hinzu kommen Banken und Versicherungen sowie die öffentlichen Arbeitgeber.

Die Industriebetriebe in der Region um Paris sind vor allem auf die Bereiche Druck- und Verlagswesen, Luftfahrt, Elektro- und Auto- sowie chemisch-pharmazeutische Industrie spezialisiert. Zwei Großflughäfen machen Paris in Europa zu einem wichtigen Drehkreuz hinter London und Frankfurt.

Die gesamte Region verzeichnet eine relativ geringe Arbeitslosigkeit. Allerdings gibt es einen recht hohen Anteil arbeitsloser Jugendlicher, insbesondere unter den Nachkommen nordafrikanischer Einwandererfamilien.

TOURISMUS

Der Tourismus bildet eine der wichtigsten Einnahmequellen der Stadt. 29 Mio. Besucher finden jährlich den Weg in die französische Hauptstadt, etwas mehr als die Hälfte von ihnen kommt aus dem Ausland. Die US-Amerikaner, denen Paris immer als bevorzugtes Reiseziel in Europa galt, das sie aber in Zeiten des schwachen Dollarkurses eine Zeitlang gemieden haben, kommen jetzt wieder häufiger über den Atlantik. Aber vor allem sind es die Briten und auch wieder verstärkt die Japaner, die sich vom sprichwörtlichen Flair der Seine-Metropole anziehen lassen.

Generell kann sich Paris nicht auf seinen Lorbeeren ausruhen, denn es werden auch kritische Stimmen laut, die Paris allgemein als zu teuer und die Qualität der Dienstleistungen als mittelmäßig bezeichnen.

GESCHICHTE IM ÜBERBLICK

3. Jh. v. Chr. Funde belegen eine Besiedelung der Île de la Cité durch den keltischen Stamm der Parisii.

52 v. Chr. Nach dem Sieg über die Gallier gründen die Römer die Provinzstadt Lutetia.

um 250 n. Chr. Der hl. Dionysius (St-Denis) stirbt den Märtyrertod.

486 Der Frankenkönig Chlodwig setzt sich gegen römische Verbände durch und schafft das Frankenreich der Merowinger.

508 Paris wird Hauptstadt des Frankenreichs.

987 Hugo Capet wird König von Frankreich. Mit ihm beginnt die Dynastie der Kapetinger.

Um 1160 Die Arbeiten an Notre-Dame beginnen. Die neue Kathedrale soll die wachsende Bedeutung der Stadt unterstreichen.

1190–1220 Die erste mittelalterliche Stadtmauer entsteht unter der Herrschaft von König Philipp II. August; die wichtigste Festung der Stadt ist der Louvre.

1239 Ludwig IX., der Heilige, kauft die angebliche Dornenkrone Christi in Konstantinopel. Mit deren Überführung steigt die religiöse Bedeutung der Stadt beträchtlich.

1328 Mit dem Tod Karls IV. stirbt die Linie der Kapetinger aus. Aus dem Nachfolgestreit entwickelt sich der Hundertjährige Krieg (1338–1453) zwischen England und Frankreich.

1429 Jeanne d'Arc führt Karl VII. zur Krönung nach Reims und belagert Paris zunächst ohne Erfolg.

In Erwartung der große Parade – die Champs-Élysées am Nationalfeiertag 14. Juli

1528 Franz I. verlegt die königliche Residenz wieder nach Paris, nachdem seine Vorgänger lange die Schlösser im Tal der Loire vorgezogen hatten.

1562–1598 Ein Überfall auf die Hugenotten löst im März 1562 die Religionskriege zwischen Katholischer Liga und den Reformierten aus, die in der Bartholomäusnacht 1572 ihren ersten blutigen Höhepunkt erreichen.

1643–1715 Der Absolutismus erreicht unter dem »Sonnenkönig« Ludwig XIV. seinen Höhepunkt. Nach der Niederschlagung der Fronde-Aufstände 1653, mit denen der Adel alte Positionen wiederzuerlangen trachtete, baut der König seine Machtposition systematisch aus.

1682 Ludwig XIV. verlegt den Regierungssitz offiziell von Paris ins rund 19 km entfernte Versailles.

1715–1789 Zeitalter der Aufklärung, wirtschaftlicher Aufstieg des Bürgertums. Als König Ludwig XVI. 1789 infolge der katastrophalen Versorgungslage die Generalstände nach Versailles einberuft, erhält das Bürgertum erstmals seit 1614 wieder ein Mitspracherecht.

1789 Der Sturm auf die Bastille am 14. Juli 1789 löst die Französische Revolution aus.

1792–1794 Auch die Revolutionsregierungen bekommen die Versorgungskrise nicht in den Griff, das einfache Volk radikalisiert sich. In den Wochen des *Grande Terreur* im Juni und Juli 1794 werden allein in Paris mehr als 1000 Menschen hingerichtet.

1799–1815 Durch einen Staatsstreich kommt der aus Korsika stammende Napoleon Bonaparte an die Macht, krönt sich 1804 in Notre-Dame zum »Kaiser der Franzosen«, führt viele Kriege in Europa und wird 1815 endgültig geschlagen.

1830–1848 Nach der Maxime »Enrichissez vous!« (Bereichert euch) des »Bürgerkönigs« Louis Philippe betreiben Bürgertum, Emporkömmlinge und Spekulanten die Industrialisierung des Landes, während in den übervölkerten Vierteln von Paris die Tagelöhner und Arbeitslosen in Armut leben.

1848/1851 Die Februarrevolution mündet in die Zweite Republik, an deren Spitze Ende 1848 Louis-Napoleon Bonaparte, der Neffe Napoleons I., gewählt wird. Vor dem Ende seiner Präsidentschaft macht er sich per Staatsstreich zu Kaiser Napoleon III. Die sozialen Gegensätze verschärfen sich.

1852–1870 Mit seinem Präfekten Georges-Eugène Haussmann betreibt Napoleon III. konsequent die städtebauliche Umgestaltung der Hauptstadt.

1871 Nach der Kapitulation vor Preußen im Deutsch-Französischen Krieg schlägt die konservative Regierung den Aufstand der Pariser Kommune blutig nieder.

1880–1914 Belle Époque: Trotz finanzieller Nöte wird Paris kulturell zur »Hauptstadt des 19. Jahrhunderts«.

1889 Zur Weltausstellung wird der Eiffelturm erbaut.

1918 Der Erste Weltkrieg endet. Paris bleibt unversehrt.
1940–1944 Paris ist von deutschen Truppen besetzt.
1981 Der Sozialist François Mitterrand wird Staatspräsident.
1986–1988 und **1993–1995** Kohabitation sozialistischer Präsidenten mit konservativen Regierungschefs. Im Mai 1995 wird der Konservative Jacques Chirac Nachfolger Mitterrands.
1997 Nach dem Sieg der Sozialisten bei den Parlamentswahlen kommt es erneut zu einer Kohabitation, diesmal mit konservativem Präsidenten und sozialistischem Premierminister.

Denkmal der Jeanne d'Arc an der Place des Pyramides

2002 Der Wiederwahl Chiracs zum Staatspräsidenten gehen Demonstrationen gegen den Rechtsextremisten Le Pen voraus, der den Sozialisten Jospin geschlagen hatte. Im November gründen die konservativen Parteien die »Union pour un mouvement populaire«, UMP.
2005/2006 Nach den Krawallen in den Vorstädten löst eine geplante Arbeitsmarktreform landesweit Massenproteste aus.
2008 Staatspräsident Sarkozy stößt die Debatte um »Grand Paris« an > S. 58.
2011 Im Sommer beginnt der Abriss des Bauensembles »Les Halles«. Die größte innerstädtische Baustelle für die kommenden fünf Jahre entsteht > S. 84.
2012 Bei den Präsidentschaftswahlen im Mai stimmt Paris mit 55 % für den Sozialisten François Hollande.
2014 Die Sozialistin Anne Hidalgo wird erste Oberbürgermeisterin der französischen Hauptstadt.
2015 Terror in Paris: Im Januar töten islamistische Terroristen Redaktionsmitglieder der Satirezeitschrift Charlie Hebdo. Im November sterben über 130 Menschen durch Terroristen im Konzertsaal Bataclan und mehreren Restaurants.
2017 Emmanuel Macron wird im Mai zum französischen Staatspräsidenten gewählt.
2018 Rund 60 Staats- und Regierungschefs gedenken im November bei einem Gipfeltreffen in Paris dem Ende des 1. Weltkriegs vor 100 Jahren.

NATUR & UMWELT

Trotz der rund 89 000 im Stadtgebiet gepflanzten Bäume muss im Sommer wegen erhöhter Schadstoffwerte immer öfter ein Tempolimit auf der Pariser Stadtautobahn gesetzt werden.

Um den Smogalarm zu vermeiden, wird seit 2001 der öffentliche Nahverkehr ausgebaut; eigene Busspuren schränken die Freiheit der Autofahrer ein. Im Sommer 2007 wurden über 20 000 Leihfahrrädern (Vélib-Metropole › S. 25) und im Dezember 2011 auch knapp 1000 Elektroautos eingeführt, was von den Parisern begeistert angenommen wurde. Die Elektroleihwagenflotte wurde jedoch im Sommer 2018 wieder vom Markt genommen. Jetzt wird vor allem der Ausbau der Tramlinien auf Pariser Stadtgebiet vorangetrieben. Seit Juli 2016 wird Fahrzeugen, die vor dem Jahr 1997 zugelassen wurden, die Einfahrt in die Stadt gegen Bußgeld verwehrt.

DIE MENSCHEN

Paris hat 2,2 Mio. Einwohner, und das auf einer Fläche von gut 105 km², was etwa einem Achtel der Fläche Berlins entspricht.

Zum größten Ballungsraum Europas wird die *région parisienne* allerdings erst durch die Vorstädte, die mit Paris die Region Île-de-France mit über 12 Mio. Einwohnern bilden. Somit leben fast 20 % der französischen Bevölkerung auf nicht einmal 4 % der Fläche des Landes!

Die meisten Einwohner der Stadt selbst verteilen sich auf das 15., 18. und 20. Arrondissement. Am wenigsten bevölkert sind das 1., 2. und 4. Arrondissement, also das Zentrum. Im 10. Stadtbezirk leben viele Inder, Pakistaner und Franzosen aus Nordafrika. Das 3. und 11., aber auch das 13. Arrondissement wird vorwiegend von Asiaten bevölkert – das Viertel südöstlich der Place d'Italie wird als Pariser Chinatown bezeichnet. Im 8. Bezirk leben zahlreiche Russen, die es immer mehr an die Seine zieht. In der Rue des Rosiers im Marais (4. Arrondissement) verdrängen immer mehr Allerweltsboutiquen die traditionellen jüdischen Geschäfte, dennoch hat sich das jüdische Flair der Straße weitgehend erhalten. Ein großes jüdisches Viertel liegt auch im 19. Arrondissement nördlich des Parc des Buttes Chaumont.

Doch das Leben in der Hauptstadt muss man sich leisten können. Zwar liegt das durchschnittliche Nettoeinkommen in der Île-de-France um 35 % höher als in der Provinz, doch werden diese Topgehälter vor allem von überdurchschnittlich gut ausgebildeten Arbeitnehmern bezogen. Die umfassenden Sanierungskampagnen, die eine Aufwertung der Gebiete bewirken sollen, treiben die Mieten in die Höhe und verdrängen die angestammte Bevölkerung. Im Pariser Zentrum, vor allem im 6. und 7. Arrondissement, ist eine 100-m²-Wohnung selten unter 3000 € im Monat zu mieten. 8500 € beträgt der durchschnittliche Kaufpreis für einen Quadratmeter Wohnfläche, über 12 000 € sind in den teuersten Vierteln keine Seltenheit. Mittlerweile haben sogar die Preise im einst relativ günstigen Pariser Osten stark angezogen.

SPRACHE

Im Durchschnitt sprechen die Franzosen sicher weniger Fremdsprachen als andere Europäer, doch wer kein Französisch spricht, wird in Paris dennoch mit Englisch am besten zurechtkommen. Die den Franzosen, insbesondere den Parisern, nachgesagte Hochnäsigkeit, dass sie nur in ihrer Muttersprache antworteten, gehört der Vergangenheit an.

Das Französische entwickelte sich aus dem auf dem Vulgärlatein basierenden Dialekt der Île-de-France. Eine gemeinsame Sprache wurde in der Geschichte immer als Garant für die Einheit des Landes betrachtet. Franz I. machte 1537 Französisch zur alleinigen Verwaltungssprache, und der Revolution galt sprachliche Vielfalt als Zeichen von Partikularismus und Provinzialismus. Dialekte und eigenständige Sprachen (Okzitanisch, Katalanisch, Bretonisch, Deutsch oder Flämisch) wurden im 19. Jh. bekämpft, nicht zuletzt mithilfe der Institution Schule. Mittlerweile aber sind immer mehr Franzosen wieder stolz auf ihre regionalen Wurzeln, auch wenn es sie in die Kapitale verschlagen hat.

💬 PARIS DEHNT SICH AUS

Seit der ehemalige Staatspräsident Nicolas Sarkozy im Sommer 2008 Architekten eingeladen hatte, um sich Gedanken über die städtebauliche Zukunft von Paris zu machen, steht »Grand Paris« auf der Tagesordnung. Der Gegensatz zwischen der reichen Hauptstadt und ihrem breiten Gürtel weit ausufernder Vorstädte ist enorm, das soziale Gefälle kaum überbrückbar. Zuletzt sorgten Unruhen in den *banlieues* 2005 und 2007 für weltweite Schlagzeilen. Als eine der wesentlichen Ursachen hierfür gilt die Situation der Einwanderer in den trostlosen Hochhaussiedlungen am nord- und nordöstlichen Pariser Stadtrand. »Grand Paris« zielt darauf ab, dass Paris sich mit seinen Vorstädten vernetzt, was zu neuen Eingemeindungen führen wird, vor allem aber zum Ausbau des Transportnetzes im Großraum. Ein »Grand Paris Express«, ein vollautomatisches Metrosystem der Superlative, das 200 km Streckennetz um Paris bedienen wird, soll bis 2035 Realität werden und die 12 Millionen Bewohner von »Grand Paris« näher zusammenrücken lassen.

KUNST & KULTUR

Paris verdankt seine einmalige städtebauliche Struktur seiner langen Vergangenheit als Residenzstadt der französischen Könige.

Doch hat die Kapitale vor allem in der zweiten Hälfte des 19. Jhs. ihr Aussehen verändert, als unter Baron Haussmann, dem Stadtplaner Kaiser Napoleons III., ein Großteil der mittelalterlichen Stadt abgerissen und durch die Anlage moderner breiter Avenuen und Boulevards ersetzt wurde. 100 Jahre später waren es die französischen Staatspräsidenten, allen voran François Mitterrand, die Paris zur Spielwiese moderner Architekten erklärten. Ein erstes Tabu wurde mit dem Bau des Centre Pompidou gebrochen, das sich als architektonischer Fremdkörper im Stadtbild zu behaupten hat. Mitterrands *Grands Projets* für Paris nahmen in Zeiten gefüllter Staatskassen pharaonische Ausmaße an, doch sind sie heute aus dem Stadtbild nicht mehr wegzudenken.

ZUR BAUGESCHICHTE VON PARIS

Keimzelle der Stadt war die Île de la Cité, auf der schon die Kelten gesiedelt hatten und die die Römer zum Verwaltungssitz ausbauten, zunächst allerdings vor allem auf dem linken Seine-Ufer. In unsicheren Zeiten zogen sich die Bewohner dann wieder auf ihre Insel zurück. Die neuen nördlichen Stadtteile ließ König Philipp II. August in die um 1200 errichtete Stadtmauer einbeziehen. Das wichtigste Bollwerk dieses Schutzwalls war der Louvre, der später zur königlichen Residenz ausgebaut wurde. Das Wachstum der Stadt beschleunigte sich. Bis zur Mitte des 12. Jhs. entstanden monumentale, wenngleich architektonisch wenig bemerkenswerte Kirchenbauten, von denen sich im Wesentlichen nur St-Germain-des-Prés erhalten hat.

DAS GOTISCHE PARIS

Dann jedoch wurde in der Île-de-France ein Baustil entwickelt, der in engem Zusammenhang mit dem politischen Anspruch des Königtums der Kapetinger stand. Der erste programmatische Bauplan für einen gotischen Kirchenbau wurde für die Abteikirche in St-Denis entworfen, Grablege der Könige und Aufbewahrungsort der Kroninsignien. Abt Suger, Berater des Königs, wollte hier bewusst einen der Bedeutung des Ortes als Nationalheiligtum entsprechenden, vorbildhaften Architekturstil schaffen. Zwei Bauten repräsentieren in der Folge am eindrucksvollsten die französische Gotik: die um 1160 begonnene, frühgotische Kathedrale Notre-Dame sowie die hochgotische Sainte-Chapelle. Bei beiden Bauten erscheint die raumbegrenzende Wand völlig entmaterialisiert, den Hauptanteil an der Raumgestaltung tragen die buntfarbigen Glasfenster. Darüber hinaus besaß Paris zu dieser Zeit mehrere bedeutende Schulen, an denen etwa Petrus Abaelardus (Abälard), Albertus Magnus und Thomas von Aquin lehrten.

PARIS IN DER RENAISSANCE

Lange Zeit blieb die Gotik in ihrem Entstehungsland die verbindliche Bauform, auch noch, als in Italien bereits ein neuer Baustil entwickelt wurde. In einer ersten Phase war die Renaissance in Frankreich tatsächlich ein reiner Importartikel, produziert von italienischen Künstlern, die Franz I. ins Land holte. 1547 entstand anstelle der alten Festung der neue Louvre. Mit Heinrich IV. begann die Epoche systematischer städtebaulicher Planung, um den Wildwuchs der Stadt unter Kontrolle zu bekommen. Ordnende Maßnahme war die Anlage regelmäßiger Plätze. Als erste entstand die Place Dauphine mit dem Pont Neuf, der ersten modernen Brücke, die nicht mit Häusern bebaut wurde. Die Place des Vosges wurde zur Keimzelle des Marais-Viertels und zum gesellschaftlichen Zentrum der Aristokratie, die sich hier zahlreiche Adelspaläste errichten ließ.

PARIS IM »GRAND SIÈCLE«

In der ersten Hälfte des 17. Jhs. wurde Paris zu einem Zentrum der Gegenreformation: Es entstanden neue Klöster und Kirchen, die Paris zu einem zweiten Rom machen sollten. Die Jesuitenkirche St-Paul-St-Louis oder die Kapelle der Sorbonne folgten dem Vorbild der römischen Barockkirchen.

Die Regierungszeit Ludwigs XIV. (1643–1715) markierte die seit 1668 als Symbol des Herrscherkults konzipierte Anlage von Schloss und Park von Versailles. Die königlichen Akademien legten eigene, absolut verbindliche Regeln für Kunst und Architektur fest, die Schönheit und Würde gewährleisten sollten. Als Folge breitete sich über ganz Frankreich eine Einheitsarchitektur und -kunst aus. Der Invalidendom stellt einen Musterbau dar.

Unter dem Einfluss des mächtigen Ministers Jean-Baptiste Colbert (1619–1683) wurde auch das *embellissement,* die würdige Verschönerung der Hauptstadt, vorangetrieben. Die Architekten Le Vau und Hardouin-Mansart, der Maler Lebrun und der Gartenarchitekt Le Nôtre wurden zu Leitern des Bauwesens ernannt. Als Zeichen der unangreifbaren Königsmacht wurden die Stadtmauern geschleift und an ihrer Stelle breite Promenaden, die Boulevards, angelegt. Die Stadttore wurden durch Triumphbögen ersetzt. In der Verlängerung des Louvre entstand durch die Anlage des Tuileriengartens und der heutigen Champs-Élysées bis zum Rond-Point die »Königsachse«.

PARIS IM 18. JAHRHUNDERT

In der Folgezeit konzentrierte sich die Bautätigkeit ganz auf den privaten Bereich eleganter Adelspaläste, wie sie vorwiegend im neuen Faubourg

Saint-Germain entstanden. Klassizistische Tendenzen zeigen nach der Jahrhundertmitte die Anlage der Place de la Concorde und Jacques-Germain Soufflots (1713–1780) ehrgeiziges Werk, das zunächst als Kirche Ste-Geneviève konzipierte Panthéon.

PARIS IM 19. JAHRHUNDERT

Napoleon III. machte sich gleich nach seinem Staatsstreich 1852 mit Georges-Eugène Haussmann (1809–1891) an die Planung des neuen kaiserlichen Paris. Erste Eingemeindungen wurden unternommen, womit die Stadt die Ausdehnung erreichte, die sie im Wesentlichen noch heute hat. Als prunkvolles Selbstzeugnis der bourgeoisen Epoche des Zweiten Kaiserreichs gilt Charles Garniers Opéra. Daneben entstanden ab 1854 als frühes Beispiel der modernen Gusseisenarchitektur Baltards Markthallen, die 1972 abgerissen wurden. Anlässlich der Weltausstellungen, die zwischen 1855 und 1900 in Paris stattfanden, wurden markante Eisenkonstruktionen errichtet, so 1889 das himmelstürmende Symbol der neuen Zeit, der Eiffelturm.

DAS MODERNE PARIS

Auf dem Hügel von Chaillot entstanden zur Weltausstellung 1937 Gebäude im Stil des modernen Klassizismus. Den Zweiten Weltkrieg überstand Paris ohne große Zerstörungen. Erst die 1970er-Jahre bedeuteten für die Stadt den Verlust ganzer Straßenzüge, denn dem Wohnungs- und Büromangel wurde nun mit (nicht unbedingt geglückten) Hochhausbauten abgeholfen, deutlich sichtbar etwa im Montparnasse-Viertel. Unter Präsident Georges Pompidou wurden die alten Markthallen im Zentrum abgerissen. In der

Brunnen auf der Place de la Concorde, dem größten Platz von Paris

Nähe entstand das nach ihm benannte Kulturzentrum, das Centre Pompidou. In den 14 Jahren der Präsidentschaft François Mitterrands (1981–1995) wurden in Paris so viele architektonische Großprojekte *(Grands Projets)* realisiert wie in keiner anderen europäischen Stadt. Pünktlich zum Revolutionsjubiläum wurde 1989 die Opéra Bastille eröffnet. Und nach dem Auszug des Finanzministeriums aus dem Louvre wurde dieser zum weltgrößten Museum mit der auffallenden gläsernen Pyramide als Eingang. Die Grande Arche im Bürohausviertel La Défense vor den Toren von Paris bildet den spektakulären westlichen Abschluss der Pariser Königsachse. Die neue Nationalbibliothek im Pariser Osten, in Form von vier aufgeschlagenen Büchern, war der letzte Akt des Bauspektakels der Ära Mitterrand. Staatspräsident Jacques Chirac hat sich in seiner Amtszeit lediglich den Bau des Musée du Quai Branly geleistet, das sich ethnologischer Kunst widmet. Präsident Nicolas Sarkozy hat zumindest in der Architekturgeschichte von Paris keine Spuren hinterlassen, und auch François Hollande hatte in Krisenzeiten wenig Geld für Prestigeobjekte zur Verfügung. Lediglich die Eröffnung der neuen Philharmonie von Stararchitekt Jean Nouvel im Pariser Nordosten Anfang 2015 fiel in seine Amtszeit. Von Emmanuel Macron gibt es bisher keine Hinweise auf eventuelle Großbaustellen.

PARIS ALS MEKKA DER KÜNSTE

Im 19. Jh. avancierte Paris zum kulturellen Zentrum Europas. Maler, Bildhauer, Schriftsteller, Komponisten und Musiker aus aller Welt zog es an die Seine. Die erste Jahrhunderthälfte war noch geprägt von der Romantik, die in Romanwerken und großformatigen Gemälden die Stadt Paris feierte. Victor Hugo setzte mit seinem historischen Roman »Der Glöckner von Notre-Dame« der Kathedrale ein Denkmal. Die Bedeutung gotischer Architektur als nationales französisches Erbe wurde von den Zeitgenossen erkannt. In der Folge wurden unzählige Bauten, allen voran Notre-Dame und die Sainte-Chapelle, als erhaltenswert eingestuft und restauriert. Maler wie Eugène Delacroix machten die Unruhen der Revolutionen im Paris der 1830er- und 1840er-Jahre zum Gegenstand ihrer Bilder, etwa in seiner berühmten Allegorie »Die Freiheit führt das Volk an«.

Der Realismus in Malerei und Literatur bis zum Beginn der 1880er-Jahre begeisterte nicht alle Zeitgenossen, im Gegenteil. Die ungeschminkte Darstellung der gesellschaftlichen Realität in den Romanwerken eines Honoré de Balzac oder Gustave Flaubert und in den Gemälden eines Gustave Courbet oder gar die sozialkritischen Milieuschilderungen Emile Zolas stießen auf erbitterten Widerstand. Das mit der industriellen Revolution zu Macht und Ansehen gelangte Bürgertum war nun zwar erstmals zum Gegenstand der bildenden Kunst und Literatur geworden, wollte aber nicht seine Schwächen und Empfindlichkeiten, sondern seinen Erfolg und Wohlstand dargestellt sehen. Im Pariser Salon, der vom offiziellen Kunstgeschmack geprägten regelmäßig stattfindenden Kunstausstellung, wurden sozialkritische Themen in der Malerei abgelehnt.

Die Impressionisten, eine lockere Vereinigung von Malern, die erstmals 1874 in Erscheinung trat, wandten sich vom streng formalen Bildaufbau der akademisch geprägten Ateliermalerei ab. Stattdessen richteten sie, mit hellen Farben und einer die Konturen weitgehend auflösenden Technik, ihr Augenmerk auf den Eindruck, den eine Szene beim Betrachter hervorrief. Und »Impressionen« fanden sich nicht nur in der Natur, sondern auch im Treiben der modernen Großstadt: Bahnhöfe, die »Kathedralen des Fortschritts« des technikbegeisterten 19. Jhs., Boulevardszenen und die arbeitende, aber auch vergnügungssüchtige Stadtbevölke-

»La Goulue kommt ins Moulin Rouge« von Henri de Toulouse-Lautrec

rung waren ihre bevorzugten Themen. Henri de Toulouse-Lautrec (1864 bis 1901) etwa porträtierte die Halbwelt des Montmartre. Der radikale Bruch der Impressionisten mit der geltenden Auffassung von Malerei bereitete der modernen Kunst den Weg.

Am Montmartre traf Anfang des 20. Jhs. eine junge Künstlergeneration ein. Der junge Spanier Pablo Picasso und der Franzose Fernand Léger begründeten den Kubismus; Picassos Werk »Les Demoiselles d'Avignon« wurde zum kubistischen Manifest. Vor allem ausländische Künstler wie Marc Chagall, Giorgio de Chirico, Kees van Dongen, Max Ernst, Joan Miró oder eben Picasso prägten die Pariser Kunstszene, die »École de Paris« (Schule von Paris), bis zum Zweiten Weltkrieg, in der die unterschiedlichsten Kunstströmungen schnell aufeinanderfolgten.

In der Literatur tauchten als Themen der Verlust von Werten, die Anonymität der Großstädte, aber auch die Religion auf, und man experimentierte mit neuen Stilen und Formen. Bedeutende Autoren waren Marcel Proust, André Gide oder Paul Claudel. Zwischen den Weltkriegen war der Surrealismus en vogue, in dem sich Reales und Traumhaft-Fantastisches vermischten. Als einer seiner Begründer gilt der Schriftsteller André Breton, der fasziniert war von der Psychoanalyse Sigmund Freuds und der Bedeutung, die dieser dem Traum beimaß. 1924 erschien sein »Manifeste du Surréalisme«. Zwischen 1935 und 1950 wurde in Paris der Existentialismus diskutiert. Dessen Hauptvertreter waren Jean-Paul Sartre, Simone de Beauvoir und Albert Camus.

In den ersten Jahren nach dem Zweiten Weltkrieg stand die Malerei in Paris ganz im Zeichen der Abstraktion. Künstler wie Bissière, Bazaine, Hartung, Poliakoff oder Nicolas de Stael reagieren eigenständig auf den damaligen Siegeszug der abstrakten Malerei in den USA. Doch die prominente Stellung der französischen Kunst mit Paris als Mekka der Künste für ganze Generationen von Malern, Bildhauern, Schriftstellern und Musikern der vergangenen 100 Jahre verblasste nach dem Zweiten Weltkrieg deutlich.

Als Reaktion auf die Abstraktion entstand seit 1960 in Paris die Gruppe der »Nouveaux Réalistes« um Yves Klein und Daniel Spoerri. Mit neuen Techniken und Materialien sollte die Realität des täglichen Lebens in die Kunst integriert werden. Objektkunst und frühe Formen der Aktionskunst entstanden im Umfeld.

Anfang des 21. Jhs. machen Künstler wie Christian Boltanski auf sich aufmerksam. International gefragte Rauminstallationen, die sich um den Verlust der Erinnerung oder die Wiederentdeckung von Geschichte drehen, sind sein Thema. Vor allem aber machen französische Architekten weltweit von sich reden. Christian de Portzamparc und Jean Nouvel sind die Aushängeschilder der aktuellen französischen Architekturszene.

FESTE & VERANSTALTUNGEN

Paris kommt natürlich nie zum Stillstand. Zum Feiern findet sich immer ein Anlass, und wenn es nur der Sommeranfang ist, der mit der »Fête de la musique« Paris in ein einziges Straßenfest verwandelt.

Nur in den großen Sommerferien wird es deutlich ruhiger in der Hauptstadt. Doch dann holen sich die Daheimgebliebenen eben mit »Paris Plage« ihren Strand an die Seine.

FESTKALENDER

April: Marathon de Paris Immer an einem Sonntag Mitte April starten jedes Jahr fast 40 000 Läufer auf den Champs-Élysées zu diesem Stadtmarathon, der zu einem der weltweit größten gehört. › mehr S. 12 Punkt ❹ www.parismarathon.com
Juni: Fête de la Musique Seit 1982 auf den Straßen, Plätzen, in Konzerthäusern, Cafés,

Restaurants ... und das immer am 21. Juni. www.fetedelamusique.culture.fr
Juli/August: Nationalfeiertag am 14. Juli. Der Revolutionsbeginn von 1789 wird nach wie vor kräftig gefeiert. Paraden und Menschenmassen auf den Champs-Élysées sind garantiert, Düsenjägerstaffeln färben den Himmel in den Farben der Tricolore.

Kurz nach dem Start des Paris-Marathon auf den Champs-Élysées

Paris Plage Ende Juli bis Mitte August verwandeln sich die Seine-Ufer in einen »Strand« *(plage)* – mittlerweile ohne Sand, aber mit Palmen und vielen Sonnenanbetern. > mehr S. 16 Punkt **27** www.paris.fr
September: Journées européennes du patrimoine Tag der offenen Tür in den historischen Denkmälern der Stadt. Jetzt blickt man hinter die Kulissen, wo sonst die Türen verschlossen sind (kostenlos, daher Schlange stehen!) www.journeesdu patrimoine.culture.fr
Paris Design Week Über das ganze Stadtgebiet verteilt bieten Galerien, Boutiquen, Museumsshops und natürlich spezialisierte Designgeschäfte einen Überblick über zeitgenössische Gestaltung von der Teekanne über das Sofa bis hin zum Motorroller. www.parisdesignweek.fr
Oktober: Nuit blanche In dieser Nacht Anfang Oktober wird nicht geschlafen: Die zeitgenössische Kunst erobert die Stadt. Junge Künstler gestalten Räume eines Luxushotels, Lesungen bis in die Morgenstun-

den – dem Schöpferischen sind keine (Zeit- und Orts-)Grenzen gesetzt. www.paris.fr
Weinfest auf dem Montmarte Beim Erntefest am Weinberg des Montmartre (Ecke Rue des Saules/Rue St-Vincent, Ⓜ Lamarck-Coulaincourt) am zweiten Wochenende im Oktober sind Musik, Trachten, Ströme von Wein, Austern und gute Stimmung angesagt. www.fetedesvendangesde montmartre.com
FIAC Wichtigste französische Messe für zeitgenössische Kunst im Grand Palais und dem Carrousel du Louvre. www.fiacparis. com
November: Paris Photo Mitte November im Carrousel du Louvre stattfindende internationale Fotografiemesse. www. parisphoto.fr
Dezember: Silvester Auch wenn nicht so viel Feuerwerk in den Himmel steigt wie am Nationalfeiertag, Partystimmung herrscht dennoch. Von 17 Uhr bis zum Neujahrstag 12 Uhr fährt man mit Metro und Bussen kostenlos.

Der Cour Napoléon des Louvre mit Eingangspyramide und Richlieu-Flügel

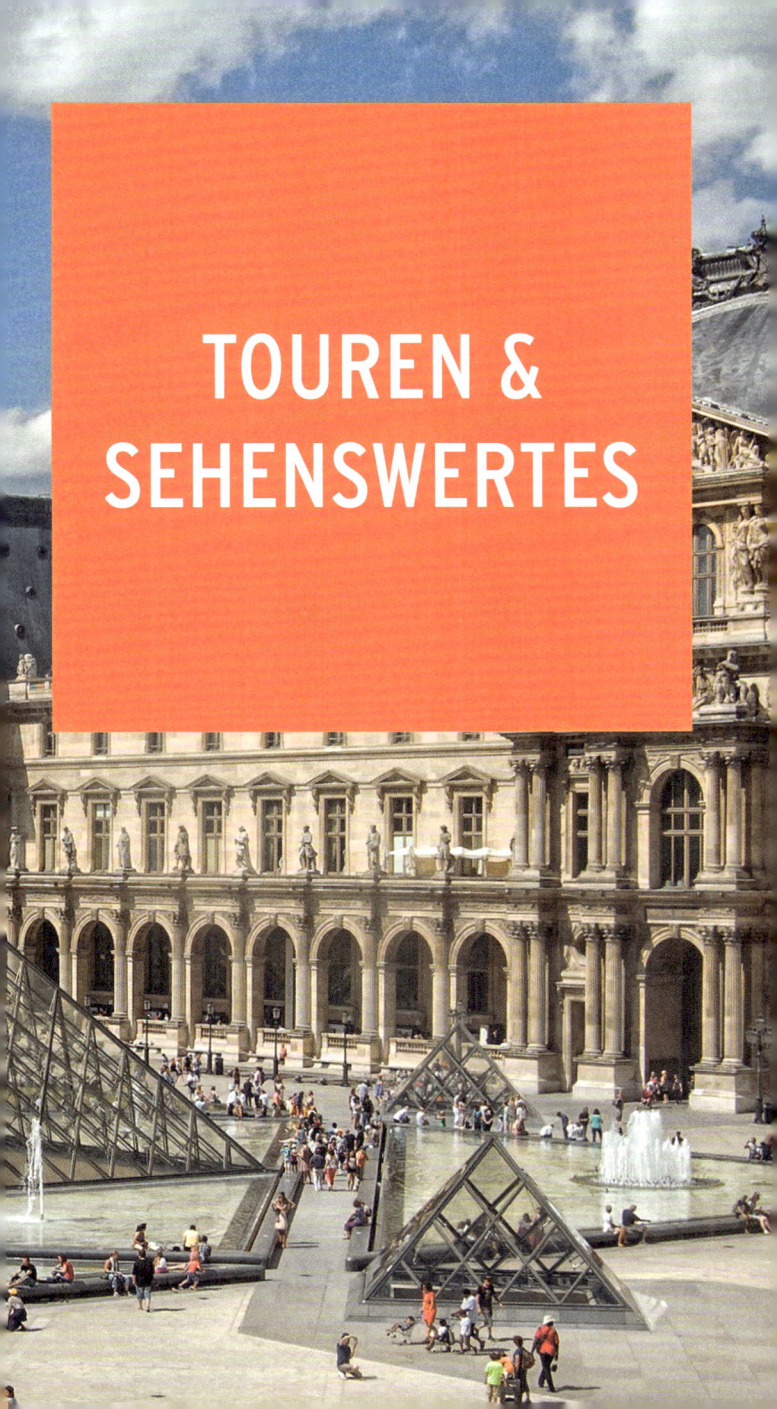

TOUREN & SEHENSWERTES

IM HERZEN VON PARIS

Im Tuileriengarten vor dem
Musée des Arts décoratifs

Die Île de la Cité ist die Keimzelle der Stadt. Hier reckt die Kathedrale Notre-Dame ihre stumpfen Türme in den Himmel. Der Louvre, ehemals Festung und Königspalast, ist heute das größte Kunstmuseum der Welt.

Die größere der beiden Seine-Inseln, die Île de la Cité, gilt als die Keimzelle von Paris. Der Keltenstamm der Parisii, von dem die Stadt ihren heutigen Namen geerbt hat, ließ sich einst auf der Insel nieder. In römischer Zeit hieß die Stadt Lutetia (wie alle Asterix-Leser wissen) und begann sich mehr und mehr auch auf den beiden Ufern auszubreiten. Indes blieb die gut befestigte große Insel in der Seine das ganze Mittelalter hindurch das weltliche und geistliche Zentrum von Paris. Auf ihrer Ostseite ragt majestätisch die Kathedrale Notre-Dame in den Himmel, im Westen bauten sich die fränkischen Könige ihre Burg. Das 19. Jh. begann zwar die Gotik wieder zu schätzen, sodass Notre-Dame dem Verfall entging, doch die restliche mittelalterliche Bausubstanz auf der Insel wurde zerstört. Klotzige Prestigegebäude wie der Justizpalast entstanden.

Zum Glück hat die versteckte Place Dauphine aus dem 17. Jh. überlebt – eine Oase der Stille inmitten der Großstadt. Hier spannt sich auch die älteste Brücke von Paris über die Seine, der Pont Neuf. Im 14. Jh. ließen die französischen Könige ihre Burg auf der Insel im Stich und suchten sich am rechten Seine-Ufer eine Bleibe. Nun begann die große Zeit des Louvre: Aus einer Bastion wurde durch die Jahrhunderte ein prächtiges Schloss und später das weltgrößte Museum. An der gläsernen Eingangspyramide des Louvre wird schnell klar, was mit dem Begriff Königsachse gemeint ist: Schnurgerade geht der Blick durch die Tuileriengärten, früher Spielplatz nur für Königskinder, bis zur Place de la Concorde und weiter die Champs-Élysées entlang bis zum Triumphbogen.

Hier fällt nun die Entscheidung schwer – soll man den Louvre besuchen, sich einen *café crème* in einem der Lokale unter Bäumen in den Tuilerien gönnen oder doch weiter bis zu den Champs-Élysées flanieren?

Bushaltestelle am Hôtel de Ville, dem Sitz der Pariser Oberbürgermeister

TOUR IM HERZEN VON PARIS

VON NOTRE-DAME ZUM LOUVRE

VERLAUF: Hôtel de Ville › Pont d'Arcole › Quai aux Fleurs › Notre-Dame › Sainte-Chapelle › Conciergerie › Quai de l'Horloge › Place Dauphine › Pont Neuf › Quai de Conti › Institut de France › Pont des Arts › Louvre › Jardin des Tuileries › Orangerie

KARTE: Seite 72

DAUER: 4–5 Std. reine Gehzeit, bei Besuch des Louvre noch viel, viel länger …

PRAKTISCHE HINWEISE:

- **Ausgangspunkt** ist Ⓜ Hôtel de Ville.
- **Endpunkt** Ⓜ Concorde.
- Louvre und Orangerie sind dienstags geschlossen.
- Bei schönem Wetter sollte unbedingt eine Pause in den Cafés unter freiem Himmel in den Tuilerien eingeplant werden.

TOUR-START:
HÔTEL DE VILLE 1 ▮ G4

Die Metrostation **Hotel de Ville** liegt am rechten Pariser Seine-Ufer, der Rive Droite, in der Rue de Rivoli, einer der Hauptgeschäftsstraßen.

Das Rathaus, der schlossähnliche Amtssitz der Pariser Oberbürgermeisterin, stammt in seiner heutigen Form aus dem 19. Jh. Der an italienischer Renaissancearchitektur orientierte ursprüngliche prächtige Bau von 1532 war während des Aufstands der Pariser Kommune von 1871 zerstört worden. Im Winter wird der große Rathausvorplatz zu einer Kunsteisbahn, ein beliebter Treffpunkt nach den Weihnachtseinkäufen im nahen Kaufhaus Bazar de l'Hôtel de Ville (BHV).

Der Pont d'Arcole führt zur **Île de la Cité**, der größeren der beiden Seine-Inseln. Wenn man paar Schritte den Quai aux Fleurs entlanggeht, bietet sich ein wunderschöner Blick auf die Île St-Louis.

NOTRE-DAME 2 ⭐ ▮ F4

Dann taucht plötzlich der Chor der Kathedrale Notre-Dame mit seinen weit ausladenden Strebebögen zwischen den Bäumen auf. Ab 1160 entstand dieser gewaltige Kirchenbau. Paris war zu jener Zeit gerade Hauptstadt des Königreichs geworden, und der neue Sakralbau sollte diese Bedeutung dokumentieren. Eben war der gotische Stil vor den Toren von Paris beim Bau der Abteikirche von Saint-Denis »erfunden« worden.

Der Neubau von Notre-Dame in Paris sollte daher als einer der ersten das neue Empfinden für Licht und Höhe in der Architektur zum Ausdruck bringen. Diesem Streben entsprechen auch die in 68 m Höhe stumpf endenden Türme der

Hauptfassade, die nie von spitzen Helmen bekrönt wurden. Ein solcher Aufbau hätte die perfekt symmetrischen Proportionen der **Fassade** mit ihren drei annähernd gleich hohen Hauptetagen (Portalzone, Rosengeschoss und Türme) sicher gestört. Die heute aus Kopien des 19. Jhs. wieder zusammengesetzte Galerie von Königssskulpturen unterhalb der Rosette war einst den französischen Revolutionären ein Dorn im Auge. Auch die steinernen Köpfe sollten damals fallen, da man hierin eine Ahnengalerie der verhassten Monarchen Frankreichs sah – dass es sich in Wirklichkeit zumeist um Darstellungen alttestamentarischer Könige handelte, entging den Bilderstürmern.

Der Figurenschmuck der drei Portale ist auch nur noch zum Teil original erhalten. Im Mittelportal erkennt man im Tympanon Christus als Weltenrichter, darunter die Seelen, die – in die eine Richtung – als Gerettete in den Himmel ziehen, während auf der anderen Seite Teufel die in Ketten gelegten Verdammten in die Hölle bringen.

Der fünfschiffige **Innenraum** ist düster, denn ein großes Emporengeschoss, in dem bis zu 2000 Menschen Platz finden, lässt seitlich nur wenig Licht einfallen. Dennoch entfaltet Notre-Dame eine sehr würdevolle Raumwirkung. 1804 krönte sich hier Napoleon I. selbst zum Kaiser der Franzosen, während der eingeladene Papst nur tatenlos zusehen konnte. Von den mittelalterlichen **Fenstern** sind nur die drei Rosen übrig. Die große hochgotische Rose des Nordquerhauses mit nahezu 13 m Durchmesser ist die am besten erhaltene.

Erst Mitte des 19. Jhs. wurde die Bedeutung des Baus wiedererkannt.

Die »Rückseite« von Notre Dame, vom Quai de la Tournelle aus gesehen

Nicht zuletzt ist dies Victor Hugo und seinem historischen Roman »Der Glöckner von Notre-Dame« zu verdanken. Die damals schon arg beschädigte gotische Kathedrale wurde ab 1844 umfassend restauriert. Einige der berühmten Wasserspeier *(gargouilles)* hoch oben an den Türmen wurden dabei frei erfunden hinzugefügt, doch ohne sie könnte man sich Notre-Dame heute nicht mehr vorstellen (tgl. 8–18.45, Sa, So bis 19.15 Uhr, Eintritt frei, www.notredamedeparis.fr).

TOUR IM HERZEN VON PARIS

TOUR ❶

VON NOTRE-DAME ZUM LOUVRE

1 Hôtel de Ville
2 Notre-Dame
3 Sainte-Chapelle
4 Conciergerie
5 Place Dauphine
6 Pont Neuf
7 Institut de France
8 Pont des Arts
9 Louvre
10 Musée de la Mode et du Textile
11 Jardin des Tuileries
12 Musée de l'Orangerie

Von den **Türmen** der Kathedrale bietet sich nach einem kräftezehrenden Aufstieg über 387 Stufen (kein Lift!) zur Belohnung ein toller Ausblick (tgl. April–Sept. 10–18.30, Juli–Aug. Fr, Sa bis 23, Okt.–März bis 17.30 Uhr, 10 €).

Am Hospital Hôtel Dieu, einem Bau des 19. Jhs., vorbei geht es weiter in Richtung Justizpalast. Hinter dem Jugendstileingang der Metrostation Cité, einem beliebten Fotomotiv, erstreckt sich der malerische Blumenmarkt **Marché aux Fleurs.**

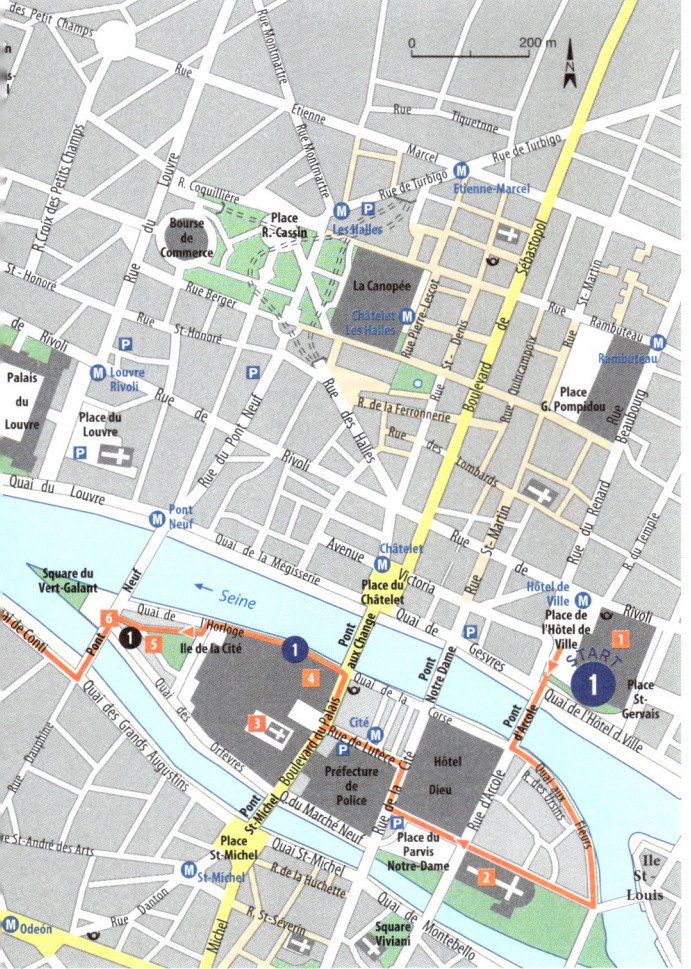

SAINTE-CHAPELLE `3` ⭐ 📱 F4

Durch den Eingang zum Justizpalast gelangt man zu diesem Paradebeispiel hochgotischer Baukunst. Zunächst erwartet den Besucher ein eher niedriger, gewölbter Raum, dessen Wände im 19. Jh. allzu farbenfroh dekoriert wurden. Dann führt eine schmale Treppe hinauf in die Oberkapelle.

Der Eindruck des lichtdurchfluteten Raumes ist überwältigend. Alle in diesem Bau wirkenden Kräfte werden über die Gewölberippen und Strebepfeiler entlastet, unterstützt von Eisenbändern, die sich wie ein Korsett um das hohe, schmale Gebäude legen. Dies ermöglichte es dem Baumeister, der die Kapelle zwischen 1243 und 1248 errichtete, das Mauerwerk zwischen den Pfeilern fast vollständig in Glaswände aufzulösen.

Entstanden war eine architektonische Schmuckschatulle für einen ganz besonderen Schatz: Ludwig IX., der Heilige, hatte 1239 vom Kaiser in Konstantinopel die wichtigste Passionsreliquie erstanden: die vermeintliche Dornenkrone Christi. Die kostbaren Glasmalereien, die noch zu zwei Dritteln aus dem 13. Jh. stammen, illustrieren meisterhaft das biblische Geschehen von der Genesis bis zur Passionsgeschichte und enden mit der Schilderung der Überführung der Dornenkrone nach Paris.

Heute dient die Sainte-Chapelle nicht mehr als Kirche, und die Dornenkrone wird in der Schatzkammer von Notre-Dame aufbewahrt. In der Sainte-Chapelle werden häufig klassische Konzerte gegeben, die im Programmheft *L'Officiel des spectacles* › S. 49 angekündigt werden (6, blvd. du Palais, tgl. April–Sept. 9–19, Okt.–März bis 17 Uhr, 10 €, www.sainte-chapelle.fr).

CONCIERGERIE `4` 📱 F4

Überreste des mittelalterlichen Königspalasts auf der Île de la Cité lassen sich noch in der Conciergerie besuchen. Wer allerdings königlichen Prunk erwartet, wird enttäuscht, denn nur die Untergeschosse der ehemaligen Burg haben die Jahrhunderte überdauert. Der König hatte seinen Verwalter, den *concierge,* zurückgelassen, als er Ende des 14. Jhs. in den Louvre übersiedelte. Zu sehen sind noch die Palastküchen mit vier riesigen Kaminen. Der »Saal der Waffenträger«, der Aufenthaltsraum der königlichen Leibgarde, ist einer der besterhaltenen profanen Säle aus der Zeit der Gotik.

Berühmt-berüchtigt war die Conciergerie jedoch wegen der vielen Todeskandidaten, die hier während der Französischen Revolution gefangen gehalten wurden. Marie-Antoinette verbrachte die letzten Wochen vor ihrer Hinrichtung in der Conciergerie in einer verhältnismäßig komfortablen Einzelzelle, die 1989 rekonstruiert wurde (Eingang: 2, blvd. du Palais, Öffnungszeiten wie Sainte-Chapelle.

PLACE DAUPHINE `5` 📱 F4

Über den Quai d'Horloge kommt man zur ruhigen begrünten Place Dauphine ganz im Westen der Île de la Cité. Von der Anfang des 17. Jhs. errichteten einheitlichen Bebauung sind nur noch die Pavillons erhalten, die den Zugang zum Platz am Pont Neuf markieren.

Dennoch lässt sich der typische Baustil der damaligen Zeit erkennen: Sorgsam behauene Steinquader fassen dekorativ die Fenster und Türen der Pavillons ein, dazwischen dienen dunklere Ziegelsteine als Füllmaterial.

PONT NEUF 6 ⭐ 📙 F4

Die »Neue Brücke«, ist tatsächlich die älteste der noch erhaltenen Pariser Brücken. Neuartig war der im Jahr 1607 fertiggestellte Übergang über die Seine, weil zum ersten Mal Gehsteige auf beiden Seiten des Fahrwegs die bis dahin übliche Bebauung mit Häusern ersetzten. Gleich nach ihrer Vollendung wurde sie zum Zentrum des Pariser Lebens. Hier, unter dem Denkmal König Heinrichs IV., zeigten allerlei Gaukler und Wanderschauspieler ihre Possen.

Hinter dem Reiterstandbild führen Treppen hinunter zu einer kleinen Grünanlage, die die schmale lange Spitze der Île de la Cité einnimmt. Bei schönem Wetter wird sie abends oft von Paris-Liebhabern belagert, die bei einem Glas mitgebrachtem Rotwein die vielen Seine-Boote dicht an sich vorbeiziehen lassen.

ZWISCHENSTOPP: WEINBAR

Unter dem Standbild Heinrichs IV. lädt die kleine **Taverne Henri IV** ❶ 📙 F4 zu einer Rast ein › S. 37.

INSTITUT DE FRANCE 7 📙 F4

In einem schönen Kuppelbau des frühen 17. Jhs. residiert eine der ehrwürdigsten akademischen Einrichtungen Frankreichs, das Institut de France. Fünf Akademien sind unter seinem Dach vereint. Die berühmteste unter ihnen, die Académie française, wacht über die Reinhaltung der französischen Sprache.

PONT DES ARTS 8 📙 F4

Anfang des 19. Jhs. entstand diese erste aus Gusseisen und Holz in Paris errichtete Passerelle, die Fußgängern vorbehalten war. Die »Brücke der Künste« führt vom rechten Seine-Ufer hinüber zum Louvre. Der Rundumblick vom Pont des Arts ist einmalig, fühlt man sich hier doch wirklich im Herzen von Paris.

Vielleicht auch deshalb hängten verliebte Paare hier mit Vorliebe Vorhängeschlösser ans Geländer – was die Stadtverwaltung inzwischen unterbinden musste, da die Brücke zu sehr belastet wurde.

LOUVRE 9 ⭐2 📙 E3–F4

Der Weg vom Pont des Arts zum Louvre führt direkt in dessen **Cour Carré,** den großen quadratischen Hof. › mehr S. 17 Punkt ㉙

Hier begann und endete die Geschichte des Louvre als königliche Residenz. Es war Ludwig XIV., der die riesige Cour Carré entstehen ließ. Nur die westliche Fassade, die noch aus der Renaissance stammte, verschonte er in seiner Bauwut. Die letzten Reste der mittelalterlichen Burg des 13. Jhs. verschwanden da-

Eine gläserne Pyramide bildet seit 1989 den modernen Eingang zum Louvre

bei allerdings. So vergrößerte der Sonnenkönig den Kernbau um das Vierfache. Die Mauern der alten Burg liegen heute unterhalb des Platzniveaus der Cour Carré, und man kann sie beim Besuch des Louvre besichtigen. Ludwig XIV. sollte es jedoch nicht mehr lange im Louvre aushalten. Er siedelte 1682 samt Hofstaat endgültig nach Versailles › S. 141 über. Den Louvre ließ er als Baustelle zurück.

Seit dem 14. Jh. hatte der Louvre den französischen Königen als Hauptstadtresidenz gedient. Der Umbau der ursprünglichen Festung am Stadtrand zum königlichen Schloss begann unter Karl V. in der Mitte des 14. Jhs. Die westliche Seite der Cour Carré, der sog. **Lescot-Flügel,** zeigt deutlich den Einfluss der italienischen Renaissance, die durch die Feldzüge Franz' I. aus Italien nach Frankreich gelangte. Sein Sohn Heinrich II. führte die Arbeiten am Louvre fort. Dessen Frau jedoch, Katharina de' Medici, scheint den Louvre nicht besonders geschätzt zu haben. Sie ließ um 1660 knapp 500 m weiter westlich ein zweites Schloss errichten. Mit der Fertigstellung dieses Tuilerienschlosses entstand der Plan, beide Anlagen durch eine prunkvolle Galerie miteinander zu verbinden. Die **Grande Galerie,** in der heute die italienische Malerei des Louvre von Cimabue bis Leonardo gezeigt wird, wurde unter Heinrich IV. zu Beginn des 17. Jhs. fertiggestellt. Vom Tuilerienschloss ist heute nichts mehr übrig, es brannte 1871 ab.

Nach dem Umzug des *Roi-Soleil* nach Versailles wurden im Louvre Ateliers und Wohnungen für Maler und Bildhauer eingerichtet. Auch wurden hier Teile der königlichen Bildersammlung aufbewahrt.

Gut 100 Jahre später öffnete die Revolutionsregierung den Louvre als Museum für das Volk. Später ließen Napoleon I., Ludwig XVIII. und Napoleon III. den Louvre nochmals erweitern, und so ist er in weiten Teilen tatsächlich ein Bauwerk des 19. Jhs. Unter Mitterrand wurde der Louvre zu dem, was er heute ist: das Museum mit der größten Ausstellungsfläche der Welt.

Das markante Aushängeschild des Louvre ist die 1989 vom amerikanischen Architekten Ieoh Ming Pei entworfene gläserne **Pyramide,** die den großen zentralen Eingangsbereich überfängt und durch die jährlich über neun Millionen Besucher ins Innenleben des Museums eintauchen.

In der großen Halle unter der über 20 m hoch aufragenden Glaspyramide stehen Besucher vor der Qual der Wahl, für welchen der drei Flügel des Louvre sie sich entscheiden sollen. Das Eintrittsticket, das am Schalter oder Automaten gelöst werden kann, berechtigt natürlich zum Besuch aller drei Flügel.

INFO

- Geöffnet tgl. außer Di 9–18 Uhr; Mi, Fr bis 21.45 Uhr, Tagesstickt 15 €; Über die Internetseite des Louvre 17 € (schneller Eintritt in festgelegtem Zeitfenster)
- Vorab kann man Tickets online oder in Geschäften wie FNAC, Le Bon Marché, Printemps, Galeries Lafayette oder BHV erwerben.
- Das Kombiticket für 15 € gilt auch für das Musée Delacroix ▶ **S. 120.**
- Okt.–März Eintritt frei jeden ersten Sonntag im Monat und am 14.7.; für Besucher unter 26 Jahren jederzeit (aus EU-Staaten, sonst unter 18).
- Seit den Terroranschlägen vom Herbst 2015 gelten strenge Sicherheitsvorkehrungen. Mit Taschenkontrollen ist zu rechnen; großes Gepäck ist nicht erlaubt.
- Nicht alle Säle sind täglich zugänglich. Aktuelle Infos unter www.louvre.fr.

DER RICHELIEU-FLÜGEL

Im nördlichen, meist etwas weniger besuchten Richelieu-Flügel hängen v. a. niederländische, flämische und deutsche Meister, darunter **Dürer, Rembrandt, Rubens, Brueghel, Holbein, Vermeer** und **Cranach.** Ein eigener Saal ist Rubens' berühmtem Medici-Zyklus gewidmet. Die Verherrlichung des Lebens seiner Auftraggeberin Maria de' Medici gelang dem barocken Flamen meisterhaft.

Die Appartements von Napoleon III., in dem später auch der französische Finanzminister residierte, bevor Mitterrand den gesamten Louvre der Kunst widmete, sind ebenfalls einen Besuch wert. Im Erdgeschoss dieses Flügels sind die orientalischen Altertümer zu bewundern, z. B. der **Thronsaal von Khorsabad** aus dem 8. Jh. v. Chr.

DER DENON-FLÜGEL

Die meisten Besucher zieht es zweifellos in den Denon-Flügel, wo die berühmtesten Werke des Louvre zu sehen sind. Der obligatorische Weg durch die *Grande Galerie* führt vorbei an den Spitzenleistungen der italienischen Renaissance, an Gemälden **Mantegnas, Raffaels** und natürlich den wenigen erhaltenen Werken **Leonardo da Vincis.**

Leonardos Porträt der **Mona Lisa** wurde ein eigener Raum gewidmet, in dem sich das Anfang des 16. Jhs. auf Holz gemalte Ölbild jetzt hinter Panzerglas allein an einer riesigen Wand den Besuchermassen präsentiert. Nach Leonardos Tod hatte es der französische König erworben.

Gegenüber hängt als Kontrast das größte Bild des Louvre, die die Wandfläche ausfüllende Darstellung der **Hochzeit zu Kana** des Venezianers Veronese. › mehr S. 15 Punkt **22**

Einige Originale griechischer Skulpturen zählen ebenfalls zu den Schätzen im Denon-Flügel. Die **Nike von Samothrake** feierte einst eine gewonnene Seeschlacht und thront jetzt mit wehendem Gewand, aber ohne Haupt, oben im Haupttreppenhaus.

Sensationell präsentiert ist die 2012 eröffnete Abteilung mit der **Kunst des Islam** unter einer lichten Dachkostruktion mitten in einem der Höfe des Denon-Flügels.

In den riesigen Sälen der neoklassischen Malerei feiert Frankreich sich und seine Geschichte. Das großformatige Bild der (Selbst-) Krönung Napoleons in Notre-Dame von **Jacques-Louis David** verherrlicht den Kaiser. Kritischer werden die Töne in den Bildern der Romantiker **Delacroix** und **Géricault.** Délacroix nimmt sich der Revolution von 1830 an und lässt die Freiheit auf den Barrikaden dem Volk mit Fahne voranschreiten (»Die Freiheit führt das Volk an«). Géricault schildert die dramatischen Folgen eines Schiffbruchs im »Floß der Medusa«.

DER SULLY-FLÜGEL

Der östliche Sully-Flügel mit dem Gang durch den ehemaligen Burggraben vermittelt einen Eindruck vom Louvre im Mittelalter.

Weitere Attraktionen sind zunächst die **Venus von Milo,** die im 19. Jh. zufällig auf einem griechischen Acker ausgegraben wurde und die jetzt ihre marmornen Hüllen in der griechisch-römischen Abteilung fallen lässt. Einstmals befanden sich hier die privaten Gemächer der Anna von Österreich, der

Antonio Canovas »Amor und Psyche« befindet sich im Denon-Flügel des Louvre

Mutter Ludwigs XIV. Prächtige Deckenfresken und Stuckarbeiten, die den Triumph des Sonnenkönigs feierten, haben sich auch in der Apollon-Galerie erhalten. Es ist zweifellos der beeindruckendste Raum des Louvre.

Die herausragende **etruskische Abteilung** wird nur selten von den Besucherströmen heimgesucht und lädt daher zu einer besinnlichen Pause ein, der noch der Besuch der lohnenden **ägyptischen Abteilung** folgen sollte.

ZWISCHENSTOPP: RESTAURANT

Im Louvre finden sich mehrere Cafés und Restaurants. Wer die hohen Preise nicht scheut, sucht sich einen Platz unter den Arkaden mit Blick auf die gläserne Pyramide im **Café Marly** ❷ €€€ ▮ F3/4, einer Topadresse für französisch-innovative Küche.

• Richelieu-Flügel
  Tel. 01 49 26 06 60, tgl. 8–2 Uhr

MUSÉE DE LA MODE ET DU TEXTILE 🔟 ▮ E3

Im nordwestlichen Flügel des Louvre, fast an der Place des Pyramides, zeigt das Modemuseum wechselnde Präsentationen zur Geschichte der Mode sowie eine außergewöhnliche Sammlung von Kostümen, Accessoires und Kleidungsstücken ab dem 17. Jh.

Im selben Gebäude widmet sich das **Musée des Arts décoratifs** französischem Kunsthandwerk und Savoir-vivre im Lauf der Jahrhunderte (beide Museen Di–So 11–18, Do bis 21 Uhr, www.lesartsdecoratifs.fr).

JARDIN DES TUILERIES 🔟 ⭐ ▮ E3

Einst Schlosspark des Louvre, wurde der Jardin des Tuileries unter Ludwig XIV. vom genialen Gartenarchitekten André Le Nôtre (1613 bis 1700) umgestaltet. Die weitläufige und im streng symmetrischen französischen Gartenstil entworfene Anlage ist die grüne Lunge der Pariser Innenstadt, wie die allmorgendlich auftauchenden Scharen von Joggern zeigen.

ZWISCHENSTOPP: CAFÉS

Erholsamer geht es in den unter Bäumen versteckten Lokalen zu: den Louvre im Rücken, trifft man rechts in den Tuilerien zuerst auf das **Café Diane** ❸. Gegenüber auf der linken Seite liegt die **Terrasse de Pomone** ❹. Bei beiden Lokalen kann man nur draußen sitzen (Salate, Sandwichs, Omeletts). Weiter Richtung Concorde kommen der **Pavillon des Tuileries** ❺ (Tel. 09 67 65 90 47) und das **Café des Marronniers** ❻ (Tel. 01 40 20 04 97); beide sind Restaurants, in denen man auch drinnen sitzen kann.

MUSÉE DE L'ORANGERIE 🔢 ▮ E3

Am westlichen Ende des Tuileriengartens verbirgt sich in der Orangerie aus dem 19. Jh. ein Hauptwerk der Kunstgeschichte: der Seerosenzyklus »Nymphéas« des Impressionisten Claude Monet (1840–1926). › mehr S. 17 Punkt ㉘

Eine später erworbene exquisite Sammlung mit Meisterwerken u. a. von Cézanne, Renoir, Gauguin, Matisse und Soutine rundet den Kunstgenuss ab (tgl. außer Di 9 –18 Uhr, www.musee-orangerie.fr).

PARIS FÜR VERLIEBTE

Tangotänzer am Seine-Ufer

Die »Stadt der Liebe« macht ihrem Ruf immer noch alle Ehre. Ist ein Parisbesuch *en amoureux* geplant? Folgende Tipps können Ihnen möglicherweise dabei behilflich sein.

ORTE FÜR ROMANTISCHE STUNDEN

In der begrünten Römerruine der **Arènes de Lutèce** ▮ G5 (Eingang 49, rue Monge, Ⓜ Cardinal Lemoine) im Quartier Latin lässt sich gemeinsam entspannen, ebenso wie zwischen den Bronzewerken im Garten des **Musée Rodin** › S. 108. **Picknicken** kann man an allen Seine-Quais auf den Inseln, am schönsten aber sicher an der Spitze der Île de la Cité mit Blick auf den Pont des Arts.

LIEBE GEHT DURCH DEN MAGEN

Im Bistro **La Sardine** im Viertel Belleville hat man die Qual der Wahl: Tapas oder eher ein günstiges Tagesgericht? Abends gibts dazu oft auch Livemusik. Urig geht es im alten Tanzlokal **Guinguette de Neuilly** an der Seine zu. Karierte Tischdecken und Hausmannskost gehören auch hier zusammen.

- **La Sardine** € ▮ H2
  32, rue Ste-Marthe
  Ⓜ Colonel Fabien
  Tel. 01 42 49 19 46
  www.barlasardine.com
  Tgl. 9–2, Sa, So ab 10 Uhr
- **Ginguette de Neuilly** € ▮ A1
  12, blvd. Georges Seurat
  Île de La Jatte | Neuilly
  Ⓜ Pont de Levallois
  Tel. 01 46 24 25 04
  www.laguinguette.net
  Tgl. 12–14.30 und 19.30–22.30 Uhr

TANGO ODER TECHNO?

Am Canal St-Martin hat sich der **Point Éphémère** in einem alten Lagerhaus eingerichtet. Bar, Restaurant und vor allem Konzertsaal lohnen den Weg hierhin; bei warmen Temperaturen stehen Tische und Stühle bis ans Ufer.

Im Untergrundklub **Glaz'Art** – eingerichtet mit Möbeln vom Flohmarkt und mit Musik für beinahe jeden Geschmack – sucht man schickes Klubpublikum vergebens.

Ganz gemischt geht es am **Quai St-Bernard** 🔖 G5 am Seine-Ufer zu (Ⓜ Sully Morland, dann über den Pont de Sully). Hier trifft man sich bei schönem Wetter zum Tanzen zu Tango-, Salsa- oder Walzerrhythmen aus den Aktivboxen des mp3-Players.

- **Le Point Éphémère** 🔖 H2
  200, quai de Valmy
  Ⓜ Jaurès
  Tel. 01 40 34 02 48
  www.pointephemere.org
  Restaurant tgl. 12–14.30, 20–23 Uhr, Bar 12–2, So bis 21 Uhr, Sa/So Brunch!
- **Glaz'Art**
  7–15, ave. de la Porte de la Villette
  Ⓜ Porte de la Villette
  www.glazart.com

NACHTFALTER UNTERWEGS

Wenn das Hotelbett noch warten soll und nach Mitternacht schon viele Läden schließen, dann gibt es noch die urige Kellerbar **Chez Georges,** in der die Zeit stehen geblieben zu sein scheint – und mit ihr die Preise.

Wer sich anschließend noch den Gehörgang durchpusten lassen möchte, dem sei der Elektrosound im **4 elements** empfohlen, wo die Zeit bis zum frühen Morgen schnell vergeht.

- **Chez Georges** 🔖 E4
  11, rue des Canettes | Ⓜ Mabillon
  Tel. 01 43 26 79 15 | Mo–Sa 12–2 Uhr
- **4 elements** 🔖 H3
  149, rue Amelot | Ⓜ Oberkampf
  Tel. 01 47 00 34 11
  www.bar4elements.com
  Mi, Do 18–2, Fr bis 4, Sa 21–4 Uhr

»LIEBESNESTER«

Romantik pur bieten die Zimmer im **Grand Amour Hotel** › S. 30, deren Einrichtung dem Namen des Hotels alle Ehre macht ... Das **Hôtel Pratic** ist zwar einfach, aber mit viel Pariser Charme und liegt romantisch im Marais an der Place du Marché Ste-Catherine › S. 130.

- **Hôtel Pratic** €€ 🔖 G4
  9, rue d'Ormesson (nahe Place des Vosges) | Ⓜ St-Paul | Tel. 01 48 87 80 47
  www.pratichotelparis.com

BRUNCHEN GEHEN

Morgens wird natürlich erst einmal ausgeschlafen – doch wie wäre es dann mit einem späten Brunch an den Ufern des Canal St-Martin › S. 137 im **Chez Prune** 🔖 G3 (71, Quai de Valmy Ⓜ Jacques Bonsergent) oder gegenüber im **Hôtel du Nord** 🔖 G2 (102, Quai de Jemmapes, www.hoteldunord.org)?

GEMEINSAM AUF ACHSE

Nostalgisch (und romantisch) mit einem 2CV durch Paris kutschiert werden: **Paris Authentic** macht's möglich. Der Pariskenner am Steuer spricht Französisch oder Englisch und holt Sie vom Hotel ab (je nach Dauer ab 99 €, www.parisauthentic. com). › mehr S. 13 Punkt ❽

RIVE DROITE & MONTMARTRE

Nicht nur im Sommer zieht Sacré-
Cœur Besucher in Scharen an

Rund um die Opéra und im alten Hallenviertel laden prächtige Passagen zum Einkaufsbummel ein. Weiter nördlich, am Montmartre, ist das Stadtbild dörflicher. Im ehemaligen Künstlerviertel drängen sich heute Touristen.

Größer könnten die Gegensätze auf der rechten Seite der Seine, der »Rive Droite«, kaum sein. Wo einst die berühmten Pariser Markthallen standen, erstreckt sich nach deren Abriss vor über 45 Jahren eine riesige Fußgängerzone, in der es ständig wie in einem Bienenstock zugeht. Mehrere Metro- und RER-Linien kreuzen sich hier, und tagsüber strömen ununterbrochen Menschen in die Geschäftsstraßen.

Ein ähnliches Bild zeigt sich auf den großen Boulevards im weiten Umkreis um die alte Pariser Oper. Dies ist heute das Viertel der Banken und Versicherungen, deren Zentralen meist in protzigen Prestigebauten des 19. Jhs. im Stil des kaiserlichen Städteplaners Baron Haussmann untergebracht sind.

Weiter nördlich jedoch ändert sich das Stadtbild schlagartig. Den Übergang zum immer noch recht dörflich wirkenden Montmartre-Viertel bildet das Pariser Rotlichtmilieu um die Place Pigalle mit ihren Nachtbars, die tagsüber einen sehr müden Eindruck machen. Enge Straßenzüge führen dann zum Hügel hinauf.

Der Montmartre, der »Berg der Märtyrer«, war bis ins ausgehende 19. Jh. ein Dorf für sich vor den Toren von Paris. Hier hinauf drängte an Wochenenden ein Teil der Pariser Bevölkerung, um sich auf Bällen und in Bistros für deutlich weniger Geld als in Paris amüsieren zu können.

Heute belagern v. a. Touristen aus aller Welt den Montmartre-Hügel und suchen nach den Spuren von Malern wie Picasso, Derain oder Modigliani, die einst hier oben ihre Ateliers hatten. Und sie kommen natürlich auch wegen des atemberaubenden Ausblicks auf Paris, das ihnen hier zu Füßen liegt.

Das legendäre Moulin Rouge an der Place Blanche

TOUREN RECHTS DER SEINE

ZWISCHEN LOUVRE UND OPÉRA

VERLAUF: Forum Les Halles › Saint-Eustache › Galerie Véro-Dodat › Rue Saint-Honoré › Place du Marché Saint-Honoré › Place Vendôme › Rue du Faubourg-Saint-Honoré › Madeleine › Opéra Garnier › Galeries Lafayette

KARTE: Seite 85
DAUER: ca. 2 Std. reine Gehzeit
PRAKTISCHE HINWEISE:
- Startpunkt ist Ⓜ Les Halles.
- Diese Tour kann auch an Sonn- und Feiertagen unternommen werden, da die meisten Geschäfte auch dann geöffnet sind.

TOUR-START:
FORUM LES HALLES 1 🏛 F3

Die Enttäuschung ist groß, wenn man mit Emile Zolas Beschreibungen der Pariser Markthallen (»Der Bauch von Paris«) im Kopf dort ankommt, wo sie einst standen. Die berühmten, Mitte des 19. Jhs. in Eisen und Glas errichteten Hallen wurden in den 1970er-Jahren abgerissen. An ihre Stelle trat ein Einkaufszentrum, das ästhetisch völlig misslang. Die Pariser Stadtväter entschieden vor einigen Jahren den Abriss. Heute überspannt eine gigantische Dachkostruktion, Canopée genannt, die Neugestaltung des Einkaufszentrums und der größten Umsteigestation des Pariser Nahverkehrs. Auch der angrenzende Park entsteht gerade neu.

SAINT-EUSTACHE 2 🏛 F3

An der 1532 begonnenen Kirche Saint-Eustache lässt sich der Übergang in Kunst und Architektur vom Mittelalter zur Renaissance deutlich ablesen. Viele Details der im Grundriss noch gotisch konzipierten Kirche sind gemäß dem Vorbild der italienischen Renaissance umgedeutet. So sind z. B. die Wasserspeier keine beängstigenden Fabelwesen mehr, sondern nach italienischer Art verzierte Abflussrohre. Jeden So finden hier um 17.30 Uhr kostenlose Orgelkonzerte statt (Programm: www.saint-eustache.org).

GALERIE VÉRO-DODAT 3 🏛 F3

Von der Rue Jean-Jacques Rousseau zweigt eine der ältesten Pariser Passagen ab, angelegt im Jahr 1826. Sie ist ganz mit schwarz-weißen Marmorfliesen ausgelegt und mit Malereien dekoriert. Ihre Gasbeleuchtung stellte damals ein Novum in Paris dar. Heute gibt es hier vor allem Antiquitätenläden.

ZWISCHENSTOPP: RESTAURANT
Am Ende der Galerie liegt das **Café de l'Époque** ❶ €€ 🏛 F3, eines der Bistros,

in dem noch das täglich wechselnde Menü mit Kreide auf die Tafel geschrieben wird (tgl. 7–24 Uhr).

COMÉDIE FRANÇAISE 4 📖 F3

Ludwig XIV. rief 1680 die älteste Institution in der französischen Theatergeschichte ins Leben. Die Schauspielertruppe aus dem Umkreis des großen Dramatikers Molière (1622 bis 1673) spielte zunächst an verschiedenen Orten, bis sie um 1800 in den Richelieu-Saal im Westflügel des Palais Royal › S. 90 einzog. Noch heute ist die Comédie Française die erste Adresse für Liebhaber des klassischen französischen Theaters (www.comedie-francaise.fr).

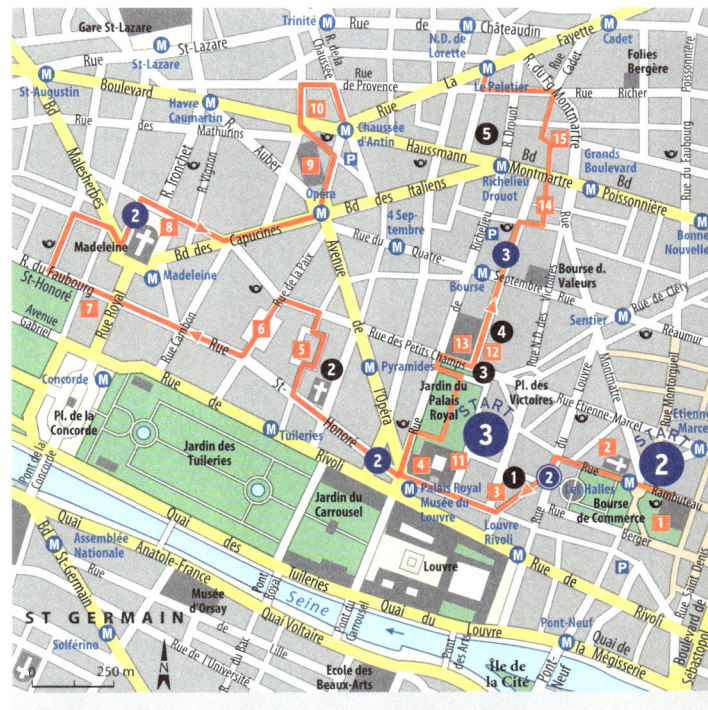

TOUREN RECHTS DER SEINE – RIVE DROITE

TOUR 2

ZWISCHEN LOUVRE UND OPÉRA

1 Forum Les Halles
2 Saint-Eustache
3 Galerie Véro-Dodat
4 Comédie Française

5 Place du Marché Saint-Honoré
6 Place Vendôme
7 Rue du Faubourg-Saint-Honoré
8 Place de la Madeleine
9 Opéra Garnier
10 Galeries Lafayette

TOUR 3

PASSAGENSPAZIERGANG

11 Palais-Royal
12 Galerie Vivienne
13 Bibliothèque Nationale
14 Passage des Panoramas
15 Passage Jouffroy

PLACE DU MARCHÉ SAINT-HONORÉ 5 ▮ E3

Durch die Rue Saint-Honoré erreicht man die Place du Marché Saint-Honoré. Von einem echten Platz kann zwar kaum noch die Rede sein, nachdem der katalanische Architekt Riccardo Bofill 1997 ein üppig verglastes Bürogebäude darüber errichtete, doch der Atmosphäre hat es nicht geschadet. Die umliegenden Cafés und Restaurants spiegeln sich in der Fassade.

ZWISCHENSTOPP: RESTAURANT

Im **Bistro Le Rubis** 2 ▮ E3, einem der ältesten des Viertels, wird deftige Hausmannskost serviert. Besonders urig isst man in einer winzigen Gaststube auf der ersten Etage › S. 37.

PLACE VENDÔME 6 ▮ E3

Äußerst nobel geht es auf der Place Vendôme zu, einem der fünf königlichen Plätze von Paris, wo Ludwig XIV. im Jahr 1699 sein Reiterstandbild aufstellen ließ. Heute ist die Place Vendôme vor allem bekannt für die vielen Juweliere und das Hotel Ritz. Die Häuserfassaden um den quadratisch angelegten Platz sind alle gleich gestaltet. Das Sonnensymbol des Königs leuchtet an jeder Fensterbrüstung.

Napoleon ließ 1810 nach römischem Vorbild die Triumphsäule in der Platzmitte zur Erinnerung an die siegreiche Schlacht von Austerlitz errichten. Reliefs versinnbildlichen das Geschehen auf dem Schlachtfeld, Napoleon blickt als römischer Imperator verkleidet von der Spitze der Säule in die Ferne.

RUE DU FAUBOURG-SAINT-HONORÉ 7 ▮ D/E3

Von der schicken Rue Royale, in der die süßen Auslagen der **Patisserie Ladurée** (Nr. 16, › S. 38) zu einer Pause verlocken, zweigt die Modemeile Rue du Faubourg-St-Honoré ab. Als Erstes springt hier das Stammhaus der Nobelmarke **Hermès** › S. 41 ins Auge. Oben auf dem Dach erinnert eine Reiterstatue daran, dass Hermès einst Sättel und Zaumzeug herstellte, bevor es als Modehaus bekannt wurde.

Folgt man der Straße weiter Richtung Westen, säumen Luxusboutiquen, Botschaften und das Portal zum Élysée-Palast, dem Sitz des französischen Präsidenten, den Weg.

PLACE DE LA MADELEINE 8 ▮ E3

Viele Pariser denken bei dieser Adresse in erster Linie an die beiden berühmten Delikatessentempel **Fauchon** (Nr. 24–26; www.fauchon.com) und **Hédiard** (Nr. 21, zzt. in Renovierung; www.hediard.fr). Bei beiden ist das Feinkostangebot so reichhaltig, dass man beinahe schon beim Hinschauen satt wird.

Den Platz prägt jedoch der wuchtige Bau der **Madeleine-Kirche.** Mitte des 18. Jhs. sollte hier ein der hl. Magdalena geweihter Kuppelbau entstehen. Mit der Errichtung wurde begonnen, die Revolution verhinderte jedoch den Weiterbau. In der Zeit Napoleons plante man statt der Kirche einen Ruhmestempel für die Grande Armée. Nach Napoleons Niederlage wurde das Gebäude wieder als Gotteshaus umgeplant und

Napoleon wirkt vergleichsweise klein auf seiner Triumphsäule an der Place Vendôme

schließlich 1842 in Form eines römischen Podiumtempels vollendet.

OPÉRA GARNIER 9 ⭐ 📖 E2/3

Als nahezu Unbekannter hatte
Charles Garnier 1861 den Architek-
tenwettbewerb für den Neubau der
Pariser Oper gewonnen. Viele Bildhauer wurden mit der Gestaltung
des Innenbereichs und der Fassaden
betraut. Prunk und Pracht prägen
die Innenausstattung. Das Foyer, die
Treppe und die Salons nehmen fast
ein Drittel des Gebäudes ein und
bieten reichlich Gelegenheit zum
uralten Gesellschaftsspiel des Sehen-
und-Gesehenwerdens › S. 47.

Die Decke im Zuschauerraums
der Opéra Garnier schmückt seit
1964, einigen zur Freude, vielen
aber auch zum Ärger, ein Gemälde
von Marc Chagall (Besichtigung

der Oper tgl. 10–16.30, Juli–Mitte
Sept. bis 17.30 Uhr, 11 €, www.
operadeparis.fr).

GALERIES LAFAYETTE 10 📖 E2

Nördlich der Oper liegt am Boulevard Haussmann (Nr. 40) eines der
prunkvollsten Kaufhäuser von Paris, die Galeries Lafayette, die im
späten 19. Jh. ihre Tore öffneten.
Vor allem die hohe Glaskuppel, die
stilistisch zwischen der reichlich
überladenen Belle Époque und dem
Jugendstil einzuordnen ist, sollte
damals wie heute wohl dem unge-
hemmten Kaufrausch förderlich
sein. Auf mehreren Etagen breiten
alle großen Designer ihre Kreationen aus › S. 40. Von der Dachterrasse bietet sich ein herrlicher Ausblick
auf das Opernhaus gegenüber und
die Innenstadt.

💬 STADT DER MODE

Nach wie vor setzen die großen Marken die Maßstäbe in der Haute Couture

Glamour, Eleganz und Extravaganz – das Epizentrum der Haute Couture liegt in Paris. Jedes Jahr im Frühling und im Herbst wartet die Modewelt auf die neuesten Kollektionen der Couturiers und jungen Designer. Doch bei den Modeschauen gilt: geschlossene Gesellschaft. Karten gehen meist nur an Journalisten und reiche Kundinnen. Wenig später sind die Kollektionen in den Stammboutiquen der großen Couturiers zu bestaunen.

KLASSIKER DER HAUTE COUTURE

Dem schnelllebigen Modebetrieb zum Trotz befinden sich die meisten Stammhäuser der Haute-Couture-Marken nach wie vor die Avenue Montaigne › S. 103 und die Rue du Faubourg-St-Honoré › S. 86.

Diskrete Luxusboutiquen von **Chanel** über **Dior** bis **Prada** und **Scherrer** reihen sich in der **Avenue Montaigne** (Ⓜ Franklin D. Roosevelt) aneinander. Die **Rue du Faubourg-St-Honoré** (Ⓜ Concorde) zwischen Rue Royale und Place Beauveau schmückt sich mit Namen wie **YSL, Givenchy, Lanvin** oder **Hermès**.

AKTUELLE TOPADRESSEN

In der Rue St-Sulpice (Ⓜ St-Sulpice) und Rue de Sevres drängen sich die Boutiquen der aktuellsten Designer(innen!) wie **Maje** (24, rue St-Sulpice oder 15, rue de Sèvres).

Alle angesagten Modemacher an einem Ort versammelt findet man im **L'Eclaireur** in der Nähe der Madeleine (10, rue Boissy d'Anglas, Ⓜ Concorde, Tel. 01 53 43 03 70, www.leclaireur.com, Mo–Sa 11–19) oder bei **Nous** › S. 41.

OUTLET-STORES
Es gibt auch Lagerverkäufe der großen Marken, bekannt als *stocks* oder *outlets*. Viele liegen im Süden an der Rue d'Alésia (Ⓜ Alésia): **Sonia Rykiel** (Nr. 112), **Chevignon** (Nr. 122) oder **Daniel Hechter** (Nr. 88).

Richtiges Outlet-Shopping findet im **La Vallée Village** statt. Dutzende von Outlet-Stores von **Agnès B.** bis **Zadig & Voltaire** finden sich hier (RER A Richtung Marne-la-Vallée-Chessy bis Station Val d'Europe, ca. 30 Min., tgl. 10–19, So ab 11 Uhr www.lavalleevillage.com).

SECONDHAND
Haute Couture aus zweiter Hand kann eine Alternative sein:
- **Chercheminippes** 📘 E5
  Die größte Auswahl in sechs Läden.
  102–114, rue du Cherche-Midi
  Ⓜ Vaneau oder Duroc
  www.chercheminippes.com
  Mo–Sa 11–19 Uhr, Mitte Juli–Mitte Aug. geschl.
- **Dépôts-Vente de Passy** 📘 B4
  14, rue de la Tour | Ⓜ Trocadéro oder Passy | www.depot-vente-luxe.fr
  tgl. 10.30–19.30, Mo ab 14.30 Uhr
- **Réciproque** 📘 B3
  Luxus-Secondhand auf 700 m².
  89–101, rue de la Pompe
  Ⓜ Rue de la Pompe
  www.reciproque.fr | Di–Sa 11–19 Uhr

VINTAGE – KLASSIKER
Wer sich für Mode begeistert, wird auch deren Klassiker lieben. Vin-

tage-Kleidur Spezialbout rue de l'Ec bis 19 Uhr) lais-Royal beiden Boutiquen **La Petite Robe Noire** (»das kleine Schwarze«) und **Didier Ludot** (125, Galerie Valois bzw. 24, Galerie Montpensier, Jardin du Palais Royal, Ⓜ Palais Royal–Musée du Louvre, www.didierludot.fr, Mo–Sa 10.30 bis 19 Uhr).

»DÉGRIFFÉ« – MODE VOM VORJAHR
Restbestände der Modekollektionen mit zumeist entfernten Etiketten bietet an:
- **Mouton à cinq pattes** 📘 E5
  8 und 18, rue St-Placide (für Damen),
  138, blvd. Saint Germain (für Herren)
  Ⓜ Sèvres-Babylone
  Mo–Sa 10–19 Uhr

STOFFE
Eine riesige Auswahl an Stoffen gibt es am Fuß des Montmartre:
- **Dreyfus – Marché Saint Pierre** 📘 F1
  2, rue Charles Nodier (gleich neben Tissus Reine)
  www.couponsdreyfus.com
  Mo–Sa 10–18.30 Uhr
- **Tissus Reine** 📘 F1
  3–5, place St-Pierre | Ⓜ Anvers
  www.tissus-reine.com
  Di–Sa 9.30–18.30 Uhr, Mo ab 14 Uhr

MODEGESCHICHTE
Das sehenswerte **Musée de la Mode et du Textile** › S. 79 widmet sich der Geschichte der Mode vom 17. Jh. bis in die Gegenwart (tgl. außer Mo 11–18, Do bis 21 Uhr).

PASSAGENSPAZIERGANG

VERLAUF: Palais-Royal › Jardin du Palais-Royal › Galerie Vivienne › Rue Vivienne › Bibliothèque Nationale › Passage des Panoramas › Passage Jouffroy › Passage Verdeau-Drouot › Rue du Faubourg Montmartre

KARTE: Seite 85
DAUER: ca. 1 Std. reine Gehzeit
PRAKTISCHE HINWEISE:
- Startpunkt ist Ⓜ Palais Royal – Musée du Louvre. Am frühen Nachmittag kann man zuerst im Jardin du Palais-Royal auf einer Parkbank entspannen, später in der Passage Jouffroy im Teesalon Le Valentin hausgemachte Tarte probieren.

TOUR-START:
PALAIS-ROYAL 11 ⭐ ◗ F3

Nach dem Tod Kardinal Richelieus, der sein im 17. Jh. errichtetes Palais der königlichen Familie vermacht hatte, wurde es von Anna von Österreich und dem noch minderjährigen Ludwig XIV. bewohnt. Daher rührt der Name Palais-Royal, königliches Palais. Heute ist es Sitz des französischen Staatsrats und des Kulturministeriums.

Kurz vor der Revolution ließ der Duc d'Orléans den Garten umbauen. Unter den Kolonnaden, die den Jardin du Palais-Royal heute einrahmen, zogen Geschäfte, Cafés und Salons ein, die bald überaus beliebt waren. Hier trafen sich, unbehelligt von der Polizei, dafür gedeckt durch den Herzog, mit Vorliebe die politisch engagierten Zeitgenossen. Nur so ist es zu erklären, dass Camille Desmoulins hier zwei Tage vor dem 14. Juli 1789 zum Umsturz aufrufen konnte. Der an allen Seiten umbaute Garten **Jardin du Palais-Royal** ist heute eine Oase der Erholung.

ZWISCHENSTOPP: RESTAURANT

Unter den Kolonnaden an der Nordseite des Palais-Royal verspricht das 2-Sterne-Restaurant **Le Grand Véfour** 3 ◗ F3 kulinarische Höchstleistungen im Interieur der Kaiserzeit › S. 33.

GALERIE VIVIENNE 12 ⭐3 ◗ F3

Bevor im Paris des ausgehenden 19. Jhs. die Kaufhäuser, die *grands magasins,* entstanden, gab es für das konsumfreudige Bürgertum eigentlich nur einen Ort zum Geldausgeben: die mit Glas überdachten Passagen, in denen man auch bei Regenwetter von einem Geschäft zum nächsten flanieren konnte.

Ein besonders prächtiges Beispiel ist die Galerie Vivienne mit ihren Mosaikböden und Reliefs an den weit gespannten Arkaden, zwischen denen sich auch heute noch Geschäfte und Restaurants befinden.

Der traditionsreiche Weinspezialist **Legrand Filles & Fils** stellt seine Tische auch in der Galerie auf und verspricht hier Entdeckungen rund um die besten Weine Frankreichs (Eingang: 6, Rue Vivienne). › S. 43

ZWISCHENSTOPP: RESTAURANT

Le Grand Colbert ④ €€

Die stilvolle Brasserie liegt in der benachbarten, weniger besuchten Galerie Colbert.

- 2, rue Vivienne
  Tel. 01 42 86 87 88
  www.legrandcolbert.fr
  tgl. 12–24 Uhr

BIBLIOTHÈQUE NATIONALE 13 ▮ F3

Den Grundstock für die heute zwölf Millionen Bände umfassende Nationalbibliothek legte 1537 der Renaissancemonarch Franz I., der Drucker und Verleger verpflichtete, von jedem in Frankreich gedruckten Buch ein Exemplar abzuliefern.

Platzmangel führte dazu, dass Ende der 1990er-Jahre im Auftrag von Präsident Mitterrand ein spektakulärer Bibliotheksneubau am Seine-Ufer im Pariser Osten errichtet wurde. Im Altbau werden heute noch wertvolle Handschriften, historische Fotografien und die Theater- und Musikaliensammlung des Staates aufbewahrt.

PASSAGE DES PANORAMAS 14 ▮ F3

Hinter dem an einen antiken Tempel erinnernden Bau der Börse taucht in der Rue Saint Marc der Eingang zu einer weiteren Pariser Passage auf: Die Passage des Panoramas ist eher schmal, hat aber eine Reihe interessanter Geschäfte. Viele winzige Restaurants reihen sich hier aneinander, und der denkmalgeschützte Laden des Graveurs Stern – jetzt das hippe italienische,

von Philippe Starck eingerichtete Restaurant Caffé Stern (tgl. außer So, Mo, www.alajmo.it) – zeugt von vergangener Pracht.

Die Passage führt auf den breiten Boulevard Montmartre zu, einer jener Grands Boulevards, die zu den berühmtesten Straßenzügen der Stadt gehören.

PASSAGE JOUFFROY 15 ▮ F2/3

Nach der Überquerung des Boulevards fällt der Blick sofort in die Passage Jouffroy. Direkt daneben ist der Eingang zum Wachsfigurenmuseum **Musée Grévin** (10, blvd. Montmartre, tgl. 10–18.30 Uhr, www.grevin.com).

Einige Antiquitätenläden, ein originelles Spazierstockgeschäft und vor allem das kleine, sehr familiär geführte Hotel Chopin › S. 30 fast am Ende der Passage sind in der Passage Jouffroy sehenswert.

Nicht ohne Grund immer gut besucht ist auch der vorzügliche Teesalon **Le Valentin** (9.30–19.30, So 10–19 Uhr) mit seinem verlockenden süßen Kleingebäck.

Die Passage Jouffroy geht beinahe nahtlos in die ruhigere Passage Verdeau-Drouot über. Dann erreicht man die Rue du Faubourg Montmartre, die nördlich zur Metrostation Le Peletier führt.

ZWISCHENSTOPP: RESTAURANT

Von der Ⓜ Le Peletier aus wieder in Richtung der Boulevards, liegt auf der Ecke Rue Le Peletier/Rue Rossini seit über 100 Jahren das **Au Petit Riche** ❸ ▮ F2, eines der traditionsreichsten Pariser Restaurants › S. 34.

AUF DEM MONTMARTRE

VERLAUF: Sacré-Cœur › St-Pierre de Montmartre › Place du Tertre › Vigne du Clos Montmartre › Villa Léandre › Place Emile Goudeau › Place des Abbesses › Cimetière de Montmartre › Moulin Rouge › Place de Clichy

KARTE: Seite 94
DAUER: 2 Std. reine Gehzeit
PRAKTISCHE HINWEISE:
- Ausgangspunkt ist Ⓜ Anvers.
- Brechen Sie früh am Tag zum Montmartre auf, denn die Besucherströme nehmen schnell zu.

TOUR-START:

Direkt gegenüber der Metrostation Anvers bietet die kleine Rue Briquet einen imposanten Blick hinauf zur Kirche Sacré-Cœur.

An bunten Stoffgeschäften vorbei führt der Weg zur Place Saint-Pierre am Fuß des Hügels. Keine 150 Jahre ist es her, dass der Vorort Montmartre Paris eingemeindet wurde. Sein dörflicher Charakter mit damals noch Dutzenden von Windmühlen zog die Pariser an, wenn sie sich für wenig Geld amüsieren wollten. Um 1900 gesellten sich dann Künstler wie Picasso, Modigliani oder Derain hinzu, denn die Mieten für Ateliers waren am Montmartre noch günstig. Der erste Pariser Bischof, der hl. Dionysius (Saint-Denis), soll im 3. Jh. hier von römischen Soldaten geköpft worden sein. So kam der »Berg der Märtyrer« zu seinem Namen. Mit der Standseilbahn *(funiculaire)* oder zu Fuß über die steile Treppenanlage mit ihren knapp 250 Stufen lässt sich die höchste Pariser Erhebung erklimmen. Der fantastische Ausblick auf Paris lohnt die Mühe – trotz Touristenmassen und Souvenirhändler, die sich in den Gassen und auf den vielen Treppen des Montmartre-Hügels drängen.

SACRÉ-CŒUR 16 ⭐ ▮ F1

Weithin sichtbar thront die Basilika über der Stadt. 1873 beschlossen einige Privatleute, dem Glauben in Frankreich wieder ein deutliches Zeichen zu setzen und ein neues Gotteshaus an einer markanten Stelle zu errichten.

Der Bau ist aus einem besonderen Kalkstein errichtet, der sich bei Regen immer wieder selbst weiß wäscht. Seine Errichtung war mit großen technischen Problemen verbunden, denn der Untergrund erwies sich als zu instabil für den gewaltigen Kirchenbau, weil der Montmartre als Kalkabbaugebiet von weitläufigen Stollen durchzogen ist. Bis nach dem Ersten Weltkrieg sollten sich die Bauarbeiten hinziehen. Im Inneren zeigt ein über 500 m^2 großes Mosaik auf Goldgrund den alles überragenden Christus, dem nicht nur die französischen Heiligen und Kirchenfürsten huldigen, sondern auch das Volk von Paris und die fünf Kontinente. Symbolisiert sind Letztere etwa durch Indianerinnen mit

Allein für die phänomenale Aussicht lohnt sich der Aufstieg zu Sacré-Cœur

Federschmuck oder Japanerinnen in traditioneller Tracht (tgl. 6 bis 22.30 Uhr, Krypta und Kuppel mit fantastischer Rundsicht tgl. 8.30 bis 20, Okt.–April 9–17 Uhr, www.sacre-coeur-montmartre.com).

ST-PIERRE DE MONTMARTRE 17 📱 F1

Die 1147 geweihte Petruskirche gehört zu den ältesten in Paris. Sie war ursprünglich Teil der Benediktinerinnenabtei, die bis zur Französischen Revolution große Bereiche des Montmartre-Hügels einnahm. In Teilen noch romanisch und im Chor frühgotisch, stellt sie einen deutlichen Kontrast zum historisierenden Monumentalbau von Sacré-Cœur dar. Der unregelmäßige Innenraum birgt auch vier marmorne Säulen, die aus einem gallorömischen Tempel stammen. Die modernen Kirchenfenster von Max Ingrand sind ebenso sehenswert wie die modernen Bronzetüren mit Szenen aus dem Leben des hl. Petrus.

PLACE DU TERTRE 18 📱 F1

Der alte Marktplatz des einstigen Dorfes Montmartre ist heute das unbestrittene Zentrum des Tourismus der *butte* (Hügel): Ein Bistro reiht sich an das nächste – und alle verlangen für die exponierte Lage Preiszuschläge. In der Platzmitte unter Bäumen haben Dutzende von Künstlern ihre Staffeleien aufgestellt und bieten Kunst in ganz unterschiedlicher Qualität und Originalität. Porträtmaler mit Zeichenblöcken unter dem Arm buhlen um die Gunst der Passanten, um gegen Bares ein Bildnis anfertigen zu dürfen. Willige finden sich immer.

MUSÉE DU MONTMARTRE 19 F1

Das kleine Museum zeigt in einem Herrenhaus des 17. Jhs. eine vom »Verein der Freunde des Alten Montmartre« zusammengetragene Sammlung zum Leben in der Zeit um die Wende vom 19. zum 20. Jh. (tgl. 10–19, Okt.–März bis 17 Uhr, 10 €, www.museedemontmartre.fr). Das Treiben der künstlerischen

Bohème wird ebenso gezeigt wie die Geschichte des Montmartre seit der Gründung des Frauenklosters im 12. Jh.

VIGNE DU CLOS MONTMARTRE 20 F1

Zu Beginn der 1930er-Jahre besetzten die Montmartre-Bewohner aus Protest gegen ein geplantes Immobilienprojekt das abschüssige Gelände unterhalb des heutigen Musée du Montmartre. Sie konnten sich durchsetzen und legten anschließend einen Weinberg an. Seit 1934

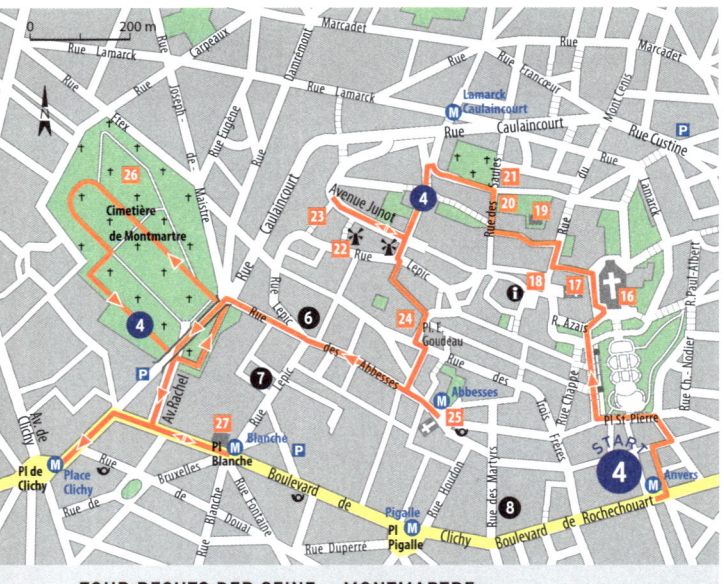

TOUR RECHTS DER SEINE – MONTMARTRE

TOUR 4

AUF DEM MONTMARTRE

16 Sacré-Cœur
17 Saint-Pierre-de-Montmartre

18 Place du Tertre
19 Musée du Montmartre
20 Vigne du Clos Montmartre
21 Cabaret au Lapin Agile

22 Moulin de la Galette
23 Villa Léandre
24 Bateau Lavoir
25 Place des Abbesses
26 Cimetière Montmartre
27 Moulin Rouge

gedeiht hier deshalb der »Clos de Montmartre«.

Knapp 1000 kg Trauben, überwiegend der Sorte Gamay, werden hier jeden Herbst geerntet. Ein im Bürgermeisteramt des 18. Arrondissements tätiger Kellermeister füllt jährlich 1500 Flaschen des Rotweins ab. Auch wenn er nicht als besonders edler Tropfen bekannt ist, reißen sich dennoch alljährlich auf einer Versteigerung die Bieter um diese Weinkuriosität. Der Erlös kommt sozialen Einrichtungen des Viertels zugute.

Wo es Wein gibt, darf auch ein zünftiges Fest nicht fehlen. In der ersten Oktoberhälfte trifft man sich am Montmartre daher zur **Fête des vendanges,** die nach einigen Tagen mit einem großen Feuerwerk ihren krönenden Abschluss findet (Infos zu den genauen Daten: www.fetedes vendangesdemontmartre.com).

CABARET AU LAPIN AGILE 21 📘 F1

Das Lapin Agile war einer der Treffpunkte der Künstlergruppe um Pablo Picasso. Heute erklingen Chansons in dem als Cabaret bezeichneten Wirtshaus, in dem es allerdings nichts zu essen gibt, dafür aber urige Stimmung bis weit nach Mitternacht. Das Bild eines Hasen *(lapin)* an der Fassade des winzigen Hauses, der mit einer Weinflasche in den Pfoten einer Kasserolle zu entkommen sucht, wurde 1875 vom Karikaturisten André Gill gemalt (tgl. außer Mo 21–2 Uhr, Tel. 01 46 06 85 87, www.au-lapin-agile.com).

MOULIN DE LA GALETTE 22 📘 F1

Als einzige von ehemals mehreren Getreidemühlen blieb die Moulin de la Galette im Original erhalten. Sie wurde berühmt, nachdem man sie im 19. Jh. stillgelegt und auf ihrem Gelände eine *guinguette,* eine Gartenwirtschaft unter Kastanien, eingerichtet hatte. Die *petits-bourgeois* (Kleinbürger) kamen an Sommerabenden und Wochenenden in Scharen hierher.

VILLA LÉANDRE 23 📘 F1

Etwas versteckt liegt die kleine Sackgasse, die vor allem wegen ihrer englisch anmutenden Reihenhausarchitektur sehenswert ist. Die Bewohner von Hausnummer 10 scheinen hierauf besonders stolz zu sein. Zudem aber beweisen sie Humor, denn neben ihrer Eingangstür ist offensichtlich ein Originalschild der Londoner Downing Street No. 10 angebracht, dem Sitz des englischen Premierministers.

BATEAU-LAVOIR 24 📘 F1

In dem Atelierhaus an der Place Emile-Goudeau lebten zu Beginn des 20. Jhs. die talentiertesten Künstler ihrer Zeit. 1907 schuf Pablo Picasso hier »Les Demoiselles d'Avignon«, das als erstes kubistisches Bild der Welt gilt. Vom ursprünglichen Bau ist allerdings nicht mehr viel übrig: Ein Großteil der historischen Bausubstanz fiel einem Brand Anfang der 1970er-Jahre zum Opfer. Heute arbeitet der künstlerische Nachwuchs in Ateliers im Bateau-Lavoir, die für die Öffentlichkeit nicht zugänglich sind.

PLACE DES ABBESSES 25 🖼 F1

Der Platz ist benannt nach den letzten Äbtissinnen *(abbesses)*, die während der Revolution ihr Leben lassen mussten. Heute spielen hier Kinder, und Rentner treffen sich unter den Bäumen zu einem Schwätzchen.

Die Kirche St-Jean-de-Montmartre war um 1900 eines der ersten aus Stahlbeton errichteten Gotteshäuser in Paris. Allerdings wurde sie mit Ziegelsteinen und orientalisch anmutenden glasierten Fliesen verkleidet, um den Beton zu kaschieren.

Ganz andere Formen fallen beim glasüberdachten Metroeingang auf: Der Architekt Hector Guimard hatte 1900 den Auftrag bekommen, alle Pariser Metroeingänge zu gestalten, und orientierte sich an den floralen Motiven des reifen Jugendstils.

ZWISCHENSTOPP: RESTAURANTS

A la Pomponette 6 €–€€ 🖼 E1
Im vielleicht urigsten Bistro des Viertels kann man traditionell französisch essen.
• 42, rue Lepic | Tel. 01 46 06 08 36
http://alapomponnette.com
Mo–Do 12–15, 19–24, Fr–So 12 bis 24 Uhr

Les Deux Moulins 7 €–€€ 🖼 E1
Eigentlich ist dies ein ganz normales Café, wäre es nicht Drehort für den Film »Die fabelhafte Welt der Amélie« gewesen.
• 15, rue Lepic | Tel. 01 42 54 90 50
Mo–Fr 7.30–2, Sa, So 8–2 Uhr

La Fourmi 8 € 🖼 F1/2
Wer Lust auf Kaffee oder ein Sandwich hat, kann diese schick gestylte, auch für Abende angesagte Bar ansteuern.

• 74, rue des Martyrs
Mo–Do 8.30–2, Fr, Sa bis 4, So 10–14 Uhr

CIMETIÈRE DE MONTMARTRE 26 ⭐ 🖼 E1

Neben dem Père Lachaise im Osten und dem Friedhof Montparnasse ist dies der dritte der großen um 1800 angelegten Friedhöfe der Stadt. Sie ersetzten die innerstädtischen Anlagen, die nach 1780 geschlossen wurden.

Auf dem stimmungsvollen Friedhof ruhen Berühmtheiten wie die Brüder Goncourt, Heinrich Heine und Stendhal, Jacques Offenbach und Hector Berlioz, der Maler Edgar Degas und die Schlagersängerin Dalida, Sacha Guitry und François Truffaut (Mitte März bis Anfang Nov. Mo–Fr 8–18, sonst bis 17.30, Sa ab 8.30, So ab 9 Uhr).

MOULIN ROUGE 27 🖼 E1

Die rote Mühle an der Place Blanche dreht sich schon seit 1889. Ins Moulin Rouge, den angesagtesten Pariser Ballsaal jener Zeit, zog es vor allem Henri de Toulouse-Lautrec, der hier eine Zeit lang so gut wie zu Hause war. Die kunstvoll stilisierten Milieuschilderungen, die er malte, machten das Moulin erst richtig bekannt. Stars wie die Mistinguett traten hier auf.

Auch heute schwingen allabendlich die Tänzerinnen des Moulin-Rouge-Ensembles ihre Beine zum Cancan, der hier vor über 100 Jahren erfunden wurde (Diner um 19 Uhr mit Show um 21 Uhr 190 bis 215 €; nur Show um 21 oder 23 Uhr 87–117 €). › S. 49

DER WESTEN

Der »vertikale Garten« am
Musée du Quai Branly

Westlich der Innenstadt befinden sich die monumentalen Wahrzeichen von Paris: Die Prachtstraße Champs-Elysées mit dem Arc de Triomphe, das Hôtel des Invalides mit dem Invalidendom und natürlich der Eiffelturm.

Der Westen der Pariser Innenstadt zu beiden Seiten der Seine präsentiert sich monumental. Die Königsachse, die vom Louvre ausgeht und hinter dem Jardin des Tuileries die Place de la Concorde erreicht, findet ihren architektonischen Höhepunkt zweifellos in der prächtigen Flaniermeile der Champs-Élysées. Bescheidenheit ist nicht gerade eine Tugend der Pariser, betrachten sie doch die Champs-Élysées als die schönste Straße der Welt. Das liegt sicher auch am krönenden oberen Ende dieser Avenue, dem Arc de Triomphe, dessen Bau Napoleon zur Feier seiner siegreichen Armeen in Auftrag gab. Den pittoresken Charme, den einige Pariser Quartiers wie der Montmartre oder das Bastille-Viertel nach wie vor ausstrahlen, sucht man hier vergeblich. Dafür hat vor allem das 19. Jh. mit seiner Bauwut und seinem Drang zur Repräsentationsarchitektur gesorgt. Dies lässt sich auch leicht an den ehemaligen Weltausstellungsgeländen im großen Dreieck zwischen Place du Trocadéro, Ecole Militaire und Grand Palais ablesen. Mittendrin sollte der Eiffelturm 1889 der ganzen Welt das Genie der französischen Ingenieure deutlich vor Augen führen. Er wurde zu Recht zum Pariser Wahrzeichen. Vor allem im 7., 8. und 16. Arrondissement ist der Wohnraum am teuersten, sind die Appartements am größten, die Trottoirs am saubersten und die Parkanlagen am gepflegtesten. Doch die großbürgerliche Atmosphäre hat auch etwas Verschlafenes an sich. Das Nachtleben um die Champs-Élysées ist zwar sehr ausgeprägt, aber eben auch überaus kostspielig. Trendsetter verirren sich eher selten hierher. Im monumentalen Westen konserviert sich Paris und sonnt sich selbstverliebt in den prachtvollen Zeugnissen seiner Geschichte.

Ein Hochrelief am Arc de Triomphe zeigt Napoleon als lorbeerbekränzten Imperator

TOUREN IM WESTEN

AUF DEN CHAMPS-ÉLYSÉES

VERLAUF: Place de la Concorde ›
Avenue des Champs-Élysées › Grand
Palais › Petit Palais › Hôtel de la
Païva › Rond-Point des Champs-
Élysées › Arc de Triomphe

KARTE: Seite 102
DAUER: ca. 2 Std. reine Gehzeit
PRAKTISCHE HINWEISE:
- Montags hat das Petit Palais,
  dienstags das Grand Palais
  geschlossen.
- Von der Place de la Concorde in
  Richtung Triumphbogen die
  Champs-Élysées hinaufzugehen
  ist schöner als umgekehrt. Daher
  eignet sich Ⓜ Concorde gut als
  Ausgangspunkt.

**TOUR-START: PLACE DE LA
CONCORDE 1** 📱 D/E3
Auf dem riesigen Platz, der als Place
Louis XV ab 1757 angelegt wurde,
ging es nicht immer so einträchtig
zu, wie sein heutiger Name »Concorde« (Eintracht) vermuten ließe:
Place de la Revolution hieß er zu
jener Zeit, als am Eingang zum Tuileriengarten noch die Guillotine
stand, unter der Königin Marie-
Antoinette 1793 starb.

An der Stelle des in der Revolution zerstörten Reiterdenkmals
Ludwigs XV. erhebt sich seit 1833
ein rund 3000 Jahre alter Obelisk
aus Luxor. Er kam als Geschenk des
ägyptischen Statthalters nach Paris.
Die beiden Springbrunnen beider-
seits des Obelisken sind denen des
Petersplatzes in Rom nachempfunden. Heute herrscht hier dichtester
Autoverkehr.

CHAMPS-ÉLYSÉES

Es ist heute kaum vorstellbar, dass
vor 300 Jahren noch Schafe weide-
ten, wo sich heute der Autoverkehr
rauf- und runterquält. Damals waren es noch die »Felder der Glückse-
ligen«, die Champs-Élysées, die erst
im Lauf des 18. Jhs. allmählich bebaut wurden. Zwischen der Place de
la Concorde und dem Rond-Point
des Champs-Élysées geht es ruhig
zu auf der längsten Avenue von
Paris, denn hier dehnen sich zunächst weite Parkanlagen aus.

GRAND PALAIS 3 📱 D3
Die riesige, glasüberwölbte Ausstel-
lungshalle des Grand Palais diente
der Weltausstellung als eine Art
Mehrzweckhalle. Sie beherbergte
den großen Kunstsalon, wurde aber
auch als Pferderennbahn genutzt.
Die weithin sichtbare und für ihre
Entstehungszeit spektakuläre Dachkonstruktion aus Glas und Eisen
war jedoch bereits nach weniger als
100 Jahren einsturzgefährdet.

Im Innenhof hat das Petit Palais einen hübschen kleinen Garten mit Café

Nach einer kostspieligen Instandsetzung kann der französische Staat als Besitzer des Grand Palais hier jetzt wieder große Wechselausstellungen, Kunstmessen und Modeschauen ausrichten (geöffnet nur während der Veranstaltungen und Ausstellungen tgl. außer Di 10–20, Mi bis 22 Uhr; aktuelle Infos, auch auf Englisch, unter www.grandpalais.fr).

PETIT PALAIS 4 D3

Auch dieses kleinere Palais wurde für die Weltausstellung 1900 erbaut. Es beherbergt das städtische **Musée des Beaux-Arts** mit Werken von der Antike über das Mittelalter bis ins späte 19. Jh. Nach gründlicher Restaurierung strahlt das Petit Palais seit 2005 wieder blendend weiß wie die Arbeit eines Zuckerbäckers (Ave. Winston Churchill; tgl. außer Mo 10–18 Uhr, Eintritt frei, außer für Wechselausstellungen; www.petitpalais.paris.fr).

HÔTEL DE LA PAÏVA 5 D3

Thérèse Lachmann war eine der wohlhabendsten Persönlichkeiten im Paris des 19. Jhs. 1851 heiratete sie den portugiesischen Marquis de Païva, aber erst zwei Jahre später verhalf ihr ein neuer Geliebter zu Ansehen und dem Hôtel de la Païva (Nr. 25) an den Champs-Élysées: Guido Henckel von Donnersmarck, ein deutscher Bergwerksmagnat, der zwischen 1856 und 1865 den Bau errichten ließ. In dem grandiosen Ambiente fühlten sich so berühmte Schriftsteller wie Théophile Gautier und die Brüder Edmond und Jules de Goncourt wohl.

ZWISCHENSTOPP: RESTAURANT

Einen Eindruck von der Pracht erhält heute, wer sich ins schicke **Bistro 25** ❶ €€–€€€ 🚇 D3 begibt. Geboten wird traditionelle Pariser Bistroküche mit frischen Zutaten, abends Cocktails in Lounge-Atmosphäre.

• 25, ave. des Champs-Élysées
  Tel. 01 56 56 04 04
  So–Di 9–22, Mi–Sa 9–2 Uhr,
  Fr und Sa abends Livemusik

VOM ROND-POINT NACH WESTEN

Gleich hinter dem Rond-Point des Champs-Élysées beginnt die eigentliche Flaniermeile. Hier gibt es so gut wie keinen Wohnraum mehr. Hinter den Fassaden residieren Autohäuser, Restaurants, Banken, Fluggesellschaften, Hotels, Luxusboutiquen, Kino- und Fast-Food-Ketten.

Recht versteckt liegt der Zugang zur Niederlassung der amerikanischen Modemarke **Abercrombie & Fitch** (Nr. 23) 🚇 D3.

Mut zum architektonischen Experiment zeigt die Automarke **Citroën** (Nr. 42) 🚇 D3. Die hohe Glasfassade sieht aus wie ein riesiger geschliffener Diamant.

Die Einkaufspassage **Arcades des Champs-Élysées** (Nr. 76–78) 🚇 C3 wurde 1926 im Art-déco-Stil errichtet, z. B. mit Wandleuchtern von Lalique aus Bronze und Glas.

NIGHTLIFE

Lido de Paris 🚇 C2/3
Der Eingang zum Lido fällt auf den ersten Blick eher bescheiden aus. Die versprochene Magie des Ortes mit seinen nächtlichen Tanzrevuen versteckt sich am Ende einer langen Galerie. > S. 49

• 116, ave. des Champs-Élysées
  Diner mit Show 19 Uhr 170–300 €, zwei weitere Shows bei Champagner 21 Uhr und 23 Uhr 95–145 €
  www.lido.fr

ARC DE TRIOMPHE ❻ ⭐ 🚇 C2

Die Place Charles de Gaulle ist der Kreuzungspunkt von zwölf Avenuen. Das hektische Durcheinander von Autos, Bussen und Motorrädern macht den Platz zum (scheinbar) chaotischsten Verkehrsknotenpunkt der Stadt.

Der Triumphbogen wurde nach Napoleons Österreichfeldzug 1806 begonnen, aber erst in den 1830er-Jahren fertiggestellt. Der Kaiser zog zweimal unter ihm hindurch: zunächst 1810 während der Hochzeitsfeierlichkeiten mit seiner zweiten Frau Marie-Louise, wofür man den Bogen aus einem Lattengerüst und bemalter Leinwand provisorisch hergerichtet hatte, und später 1840, als seine sterblichen Überreste von St. Helena nach Paris in den Invalidendom überführt wurden.

Von der **Aussichtsplattform** in 50 m Höhe hat man bei guter Sicht einen großartigen Blick über beide Seiten der Königsachse, die vom Louvre über die Champs-Élysées hinaus bis nach La Défense reicht (tgl. April–Sept. 10–23, Okt.–März 10–22.30 Uhr, 12 €).

TOUREN IM WESTEN

TOUR 5

AUF DEN CHAMPS-ÉLYSÉES

1 Place de la Concorde
2 Champs-Élysées
3 Grand Palais
4 Petit Palais
5 Hôtel de la Païva
6 Arc de Triomphe

TOUR 6

AUF DEN SPUREN DER WELTAUSSTELLUNGEN

7 Avenue Montaigne
8 Théâtre des Champs-Élysées
9 Musée Galliera
10 Palais de Tokyo – Musée d'Art moderne de la Ville de Paris
11 Palais de Tokyo – Site de création contemporaine
12 Musée Guimet
13 Palais de Chaillot
14 Tour Eiffel
15 Musée du Quai Branly – Jacques Chirac

TOUR 7

IM VIERTEL DES INVALIDENDOMS

16 Champ de Mars
17 Ecole Militaire
18 Dôme des Invalides
19 Hôtel des Invalides
20 Musée Rodin
21 Esplanade des Invalides

TOUR
6

AUF DEN SPUREN DER WELTAUSSTELLUNGEN

VERLAUF: Avenue Montaigne > Théâtre des Champs-Élysées > Musée Galliera > Palais de Tokyo > Musée Guimet > Palais de Chaillot > Tour Eiffel > Musée du Quai Branly
KARTE: Seite 102
DAUER: ca. 3 Std. reine Gehzeit
PRAKTISCHE HINWEISE:
- Montags und dienstags sind die meisten Museen auf diesem Stadtspaziergang geschlossen.
- Auf der Avenue Montaigne, der teuersten der Pariser Modemeilen, sind die Geschäfte überwiegend auch am Sonntag geöffnet.
- Ausgangspunkt ist Ⓜ Franklin D. Roosevelt, am Ende geht man über die Avenue de New York zur Ⓜ Alma-Marceau.

TOUR-START: AVENUE MONTAIGNE 7 ▮ C/D3

Allée des veuves, Allee der (reichen) Witwen, wurde sie einst genannt. Die Trauer verbot es Witwen, an den Vergnügungen der Stadt teilzunehmen, und so sollen sie diese Allee für einsame Spaziergänge aufgesucht haben. Heute ist die Avenue Montaigne für die Stammhäuser der großen Modemarken bekannt. > S. 88

Marlene Dietrich lebte bis zur ihrem Tod 1992 zurückgezogen in einer Dachwohnung in Nr. 12.

In Nr. 25 steht das Luxushotel **Plaza Athénée,** eine der exquisitesten Herbergen der Stadt — dafür sorgt nicht zuletzt Starkoch Alain Ducasse.

THÉÂTRE DES CHAMPS-ÉLYSÉES 8 ▮ C3

Das berühmte Theater mit der blendend weißen Fassade (Nr. 15) errichteten die Architektenbrüder Perret von 1911 bis 1913 in Beton und betraten mit diesem Baumaterial damals Neuland. Apoll und die Musen zieren die äußeren Marmorreliefs von Antoine Bourdelle. Auch im Inneren des weiterhin genutzten Theaters > S. 47 dienen Fresken und Reliefs als Raumschmuck. Skandalumwitterte Aufführungen wie Strawinskys Ballett »Le Sacre du Printemps«, 1913 choreografiert von Nijinsky, machten das Haus mit seinen zwei Sälen berühmt.

ZWISCHENSTOPP: RESTAURANT

Raffinierte Küche zu gesalzenen Preisen und einen fantastischen Ausblick über Paris bietet das Edelrestaurant **La Maison Blanche** ❷ €€€ ▮ C3 auf dem Dach des Theaters.
- Tel. 01 47 23 55 99
www.maison-blanche.fr
Mo–Fr 12–14 und 20–23,
Sa, So 20–23 Uhr

MUSÉE GALLIERA 9 ▮ C3

Ende des 19. Jhs. für die Herzogin Galliera als standesgemäßes Stadtdomizil errichtet, richtet heute das städtische **Musée de la Mode et du Costume** Ausstellungen im Palais aus. Dabei wird die Geschichte der

Mode bis in die Gegenwart meist spektakulär inszeniert (10, ave. Pierre 1er de Serbie, wegen Renovierung bis Ende 2019 geschl., www.palaisgalliera.paris.fr).

PALAIS DE TOKYO ⭐ 🔊 C3

Direkt gegenüber dem Musée Galliera liegt der imposante, aber etwas schwerfällig wirkende Flügelbau, der 1937 für die Weltausstellung errichtet wurde.

MUSÉE D'ART MODERNE DE LA VILLE DE PARIS 10

Im linken Flügel zeigt das städtische Museum für moderne Kunst seine Sammlungen. Schwerpunkte sind Werke von Matisse, des Fauvismus und des Kubismus. Auch die sogenannte École de Paris, zu der Künstler wie Soutine, Zadkine, Modigliani und Chagall gehören, sind stark vertreten. Die Werke aus der Zeit nach 1945 bieten Kontraste: Abstrakte Kunst von Soulages oder Hartung steht jener der »Neuen Realisten« um Hains, César oder Spoerri gegenüber. Durch einen spektakulären Kunstraub im Mai 2010 büßte das Museum fünf kostbare Werke ein, die bis heute verschollen sind (11, ave. du Président Wilson, Di–So 10–18, Do bis 22 Uhr, Eintritt frei, außer für Wechselausstellungen, www.mam.paris.fr).

SITE DE CRÉATION CONTEMPORAINE 11

Im rechten Flügel des Palais de Tokyo hat man sich ganz der zeitgenössischen Kunstproduktion in ihren unterschiedlichen Formen ver-

schrieben. Mit Absicht ist das Innenleben dieses Gebäudeteils, der sehr lange leer stand, unfertig geblieben. Es macht den Eindruck, man stehe in einer Baustelle. Filme, Konzerte, Modenschauen und interessante Ausstellungen prägen diesen »Ort für Experimente und Abenteuer« (13, ave. du Président Wilson, tgl. außer Di 12–24 Uhr, www.palaisdetokyo.com).

ZWISCHENSTOPP: RESTAURANT

Für Szenegänger ist im rechten Palaisflügel das Restaurant **Monsieur Bleu** ❸ €€€ 🔊 C3 mit seinem durchgestylten Ambiente sicher ein Muss.
- Tel. 01 47 20 90 47
  www.monsieurbleu.com | tgl. 12–2 Uhr

MUSÉE GUIMET 12 🔊 C3

Der Industrielle Emile Guimet aus Lyon baute Ende des 19. Jhs. eine bedeutende Sammlung asiatischer Kunst auf, für die er sich in Paris ein Museum errichten ließ. Dieses nun nationale Museum für asiatische Kunst gehört zu den weltweit bedeutendsten Sammlungen seiner Art, mit Meisterwerken aus Afghanistan, Pakistan, dem Himalaya, Korea, China und Japan (6, place d'Iéna, tgl. außer Di 10–18 Uhr, 8,50 €, www.guimet.fr).

PALAIS DE CHAILLOT 13 🔊 B3

Der größte Anziehungspunkt an der Place du Trocadéro ist zweifellos die weiträumige Terrasse zwischen den beiden Flügeln des Palais de Chaillot, die den Paradeausblick auf den Eiffelturm bietet. Zur Weltausstellung 1937 im strengen Klas-

Aussichtsplattform auf der zweiten Etage des Eiffelturms in 115 m Höhe

sizismus der damaligen Zeit erbaut, bietet das riesige Palais de Chaillot gleich mehreren Museen Platz.

Im südlichen Flügel ist das **Musée de la Marine** untergebracht, in dem Freunde der Seefahrt und des Schiffbaus auf ihre Kosten kommen (wegen Renovierung bis 2021 geschl., www.musee-marine.fr).

Das benachbarte anthropologische Museum, das **Musée de l'Homme,** präsentiert nun nach jahrelanger Renovierung spannend die Geschichte der Menschheit (tgl. außer Di 10–18, 10 €, www.museedelhomme.fr).

Ein Museum der ganz besonderen Art im nördlichen Flügel ist sicherlich die **Cité de l'Architecture et du Patrimoine,** ein Architekturzentrum, das mit maßstabsgetreuen Nachbildungen und Modellen historische Bauten in ganz Frankreich seit dem Mittelalter vorstellt (Mi bis So 11–19, Do bis 21 Uhr, 8 €, www.citechaillot.fr).

TOUR EIFFEL 14 ⭐ 5 📍 C4

Unter den rund 18 Entwürfen, die für das Projekt »Errichtung eines Turms aus Eisen von 300 m auf dem Champ-de-Mars« bei der Leitung der Weltausstellung eingingen, erhielt der von Gustave Eiffel den Zuschlag. Am 31. Mai 1889 konnte der Turm nach weniger als zwei Jahren Bauzeit als Symbol französischer Ingenieurskunst eingeweiht werden. Für Zeitgenossen wie den Schriftsteller Guy de Maupassant war er jedoch nichts weiter als »zusammengeschraubtes Blech«. Allerdings konnte man Maupassant einige Wochen nach der Eröffnung 1889 selbst im Restaurant Jules Verne auf der zweiten Plattform sichten. Er fand, dies sei ja nun der einzige Ort, wo er das scheußliche Ding nicht sehen müsse. Der 10 000 Tonnen leichte Turm hat alle Kritik überlebt – er steht immer noch.

Mit großen Aufzügen oder über Treppen erreicht man die ersten beiden Etagen (57 m bzw 115 m Höhe). Dann heißt es umsteigen in kleinere Aufzugkabinen, die bis zur dritten Etage in die schwindelerregende Höhe von 267 m hinaufgleiten. Der Ausblick ist erwartungsgemäß überwältigend. 2018 wurde damit begonnen den Turm mit einer 3 m hohen gläsernen Panzerwand zu umschließen, um Terroranschlägen vorzubeugen. (tgl. 9.30–23 Uhr, letzter Aufzug zur Spitze 22.30 Uhr, 15. Juni–1. Sept. 9–24 Uhr, letzter Aufzug 23 Uhr, www.toureiffel.paris. Tickets am besten im Internet für ein bestimmtes Zeitfenster vorbuchen, das verkürzt die Wartezeit erheblich.

ZWISCHENSTOPP: RESTAURANT

Zu Mittag ist das Restaurant **58 Tour Eiffel** ❹ €€ 🥢 C4 auf der 1. Etage erschwinglich. Abends hebt der Blick auf das beleuchtete Paris die Menupreise erheblich.

- Tel. 01 72 76 18 46
  www.restaurants-toureiffel.com
  Tgl. 11.30–16 Uhr, Diner-Service um 18.30 und 21 Uhr

MUSÉE DU QUAI BRANLY – JACQUES CHIRAC 15 🥢 C4

«Wo sich die Kulturen begegnen», so lautet der Slogan, mit dem dieses von Stararchitekt Jean Nouvel entworfene ungewöhnliche Museum für sich wirbt. Es stellt die Kulturen Afrikas, Asiens, Ozeaniens und Amerikas und ihre Kunst auf eindrucksvolle Weise vor. Die Besucher werden über Wege geführt, die ausgetrockneten Flussbetten ähneln und die einzelnen (Ausstellungs-) Kontinente miteinander verbinden.

Große Teile des Museums stehen auf gigantischen Pfeilern, unter denen sich auf unebenem Gelände ein exotischer Park ausbreitet. Eine der zum Seine-Ufer zeigenden Fassaden ist mit einem »vertikalen Garten« bepflanzt, der die Fensterfronten allmählich überwuchert (220, rue de l'Université oder 37, quai Branly, tgl. 11–19, Do–Sa bis 21 Uhr, 10 €, www.quaibranly.fr).

IM VIERTEL DES INVALIDENDOMS

VERLAUF: Champ de Mars › Ecole Militaire › Dôme und Hôtel des Invalides › Musée Rodin › Esplanade des Invalides

KARTE: Seite 102

DAUER: ca. 2 Std. reine Gehzeit

PRAKTISCHE HINWEISE:

- Mit der Metrolinie 6 von Passy kommend, bietet sich für wenige Augenblicke ein einmaliger Blick auf den Eiffelturm. Daher eignet sich Ⓜ Bir-Hakeim als Ausgangspunkt.

Der für Paris ungewöhnliche Name der Station Bir-Hakeim erinnert an die Schlacht zwischen den Truppen des freien Frankreich und den Panzern Rommels in der libyschen Wüste im Mai 1942. Über den Boulevard Grenelle und die Rue Désaix gelangt man alsbald zum Champ de Mars, dem Marsfeld.

TOUR-START:
CHAMP DE MARS 16 ▮ C4

Bis zu 10 000 Soldaten konnten hier aufmarschieren, als das Marsfeld im 18. Jh. noch eng mit der Militärschule verbunden war. Später wurden alle offiziellen Siegesfeiern der Französischen Revolution hier gebührend gefeiert. Im 19. Jh. dann diente das Champ de Mars als Gelände für die meisten Weltausstellungen. Heutzutage finden hier von Zeit zu Zeit Freiluftkonzerte statt.

ECOLE MILITAIRE 17 ▮ C4

Die frühere Kaderschule der Armee geht wohl auf Madame de Pompadour zurück, die Maitresse Ludwigs XV., die den König 1750 zu diesem Prestigebau veranlasst haben soll. Der junge Bonaparte verbrachte hier ein Jahr und installierte zehn erfolgreiche Jahre später als General Bonaparte in der Ecole Militaire sein Hauptquartier.

Heute dient sie weiter als Ausbildungsstätte für die höhere militärische Laufbahn.

DÔME DES INVALIDES 18 ⭐ ▮ D4

Der Invalidendom ist kein Dom im Sinne einer Haupt- oder Bischofskirche. Ursprünglich war er wohl als Grablege des Sonnenkönigs Ludwig XIV. und seiner Familie gedacht.

Von der Place Vauban aus erschließt sich das ausgewogene Verhältnis des quadratischen Sockels zu der ebenso hohen Kuppel mit Blattgoldauflage. Die beiden Nischenfiguren beidseits des Eingangs stellen Ludwig IX. den Heiligen, der

KULTUR KOSTENLOS

- **Nuit blanche:** Gegenwartskünstler und ihre Werke treffen auf Neugierige, die sich dafür am ersten Samstag im Oktober die Nacht um die Ohren schlagen, also hierfür eine *nuit blanche*, eine »weiße« – oder besser schlaflose – Nacht in Kauf nehmen. ▸ S. 65
- **Notre-Dame:** Der Zugang zur berühmtesten Kirche von Paris ist kostenfrei – nur Gepäck darf man nicht ins Innere mitnehmen. ▸ S. 70
- **Musée des Beaux-Arts im Petit Palais:** Die Architektur scheint das Werk eines Zuckerbäckers zu sein: Das städtische Museum der Schönen Künste ist ein grandioser Tempel für die Kunst der Vergangenheit. ▸ S. 100
- **Musée d'Art moderne:** Das städtische Museum für moderne Kunst hat fast ebenso viel hochkarätige Kunst zu bieten wie das nationale Museum im Centre Pompidou. ▸ S. 104
- **Musée de Victor Hugo:** Appartement mit Aussicht: In Victor Hugos Pariser Wohnsitz an der Place des Vosges taucht man ein in die Welt des 19. Jhs. ▸ S. 132
- **Musée de la vie romantique:** Die Zeit der Romantik ist immer noch gegenwärtig in der versteckten Villa, die George Sand und Chopin zu ihren Gästen zählte. ▸ S. 151

die Dornenkrone Christi hält, und Karl den Großen dar.

Seit 1840 dient der Invalidendom vor allem als Grabstätte für Napoleon: Es wurde eigens eine Krypta unter der Kuppel ausgehoben, um die sterblichen Überreste des Kaisers 20 Jahre nach seinem Tod hier in einem gewaltigen Porphyrsarkophag zu bestatten (tgl. 10–18, Juli/Aug. bis 19, April–Okt. Di bis 21, Nov. bis März bis 17 Uhr; www.invalides. org). › mehr S. 17 Punkt **30**

HÔTEL DES INVALIDES 19 📖 D4

Die weitläufige Anlage hinter dem Invalidendom hatte Ludwig XIV. für seine Kriegsinvaliden errichten lassen, um ihnen einen sorgenfreien Lebensabend zu ermöglichen. Der Komplex gruppiert sich um ein Dutzend Höfe, die man vom Dôme des Invalides oder durch das Hauptportal von der Esplanade des Invalides aus erreicht. Hier zeigt ein Relief Ludwig XIV. als römischen Imperator hoch zu Ross.

Für das Seelenheil der Veteranen wurde Ende des 17. Jhs. die sogenannte Soldatenkirche Saint-Louis-des-Invalides erbaut. Zur gleichen Zeit entstand hinter ihrem Chor der riesige Dom. Heute wird der Großteil der Anlage vom Musée de l'Armée genutzt, und auch ein Militärhospital versieht hier seinen Dienst (Öffnungszeiten wie Dôme des Invalides › S. 107).

MUSÉE RODIN 20 ⭐ 📖 D4

Das Hôtel Biron mit seiner großzügigen Parkanlage gehört zu den Adelspalästen des 18. Jhs., die im Viertel um die Rue de Grenelle und die Rue de Varenne errichtet wurden. Im Hôtel de Matignon (57, rue de Varenne) residiert heute der französische Premierminister.

Das Hôtel Biron wechselte mehrmals seinen Besitzer. 1904 zogen die letzten Eigentümer aus, und das charmante Stadtpalais blieb leer stehen. Auf Vermittlung Rainer Maria Rilkes bezog 1908 der Bildhauer Auguste Rodin (1840–1970) das Palais, das er bis zu seinem Tod bewohnte. Seine Werke vererbte er dem französischen Staat unter der Auflage, das Hôtel Biron mit seinem großen Garten zu einem Museum zu machen.

Sein Wunsch ging in Erfüllung. Rodins bronzene Hauptwerke wie die »Bürger von Calais« oder der »Denker« haben ihren festen Platz im Park erhalten (77, Rue de Varenne, tgl. außer Mo 10–17.45 Uhr, 10 €, www.musee-rodin.fr). › mehr S. 16 Punkt **24**

ESPLANADE DES INVALIDES 21 📖 D4

Mit dem Hôtel des Invalides im Rücken bietet sich über diese 1704 angelegte Esplanade hinweg der freie Blick auf das Bauensemble, das zur Weltausstellung 1900 entstand.

Goldgefasste Figurengruppen zieren den **Pont Alexandre III.,** der die guten Beziehungen zwischen Frankreich und Russland feiern sollte. Die Brücke macht Eindruck mit ihrem extravagant neobarocken Stil und den verspielten Leuchten. Auf der anderen Seine-Seite sind Grand und Petit Palais gut zu erkennen.

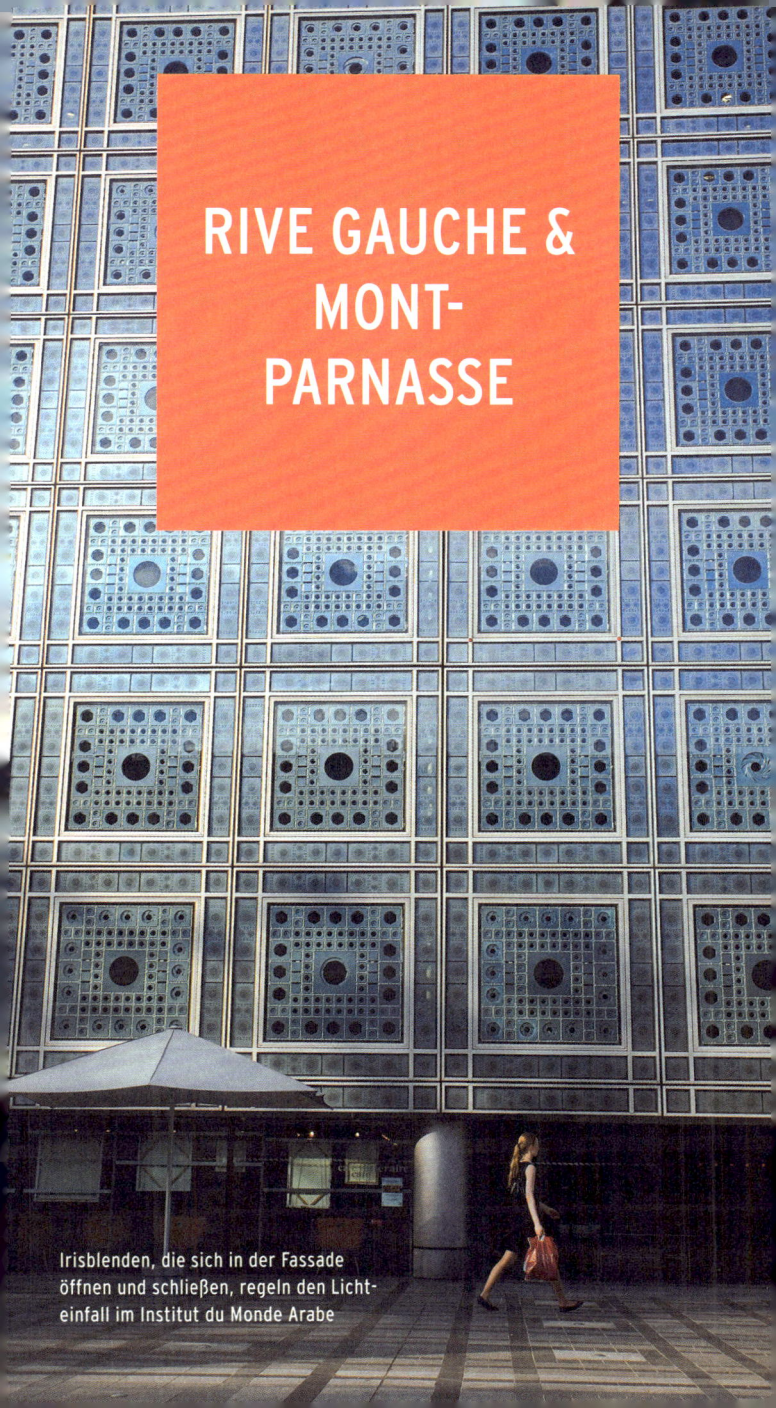

RIVE GAUCHE & MONTPARNASSE

Irisblenden, die sich in der Fassade öffnen und schließen, regeln den Lichteinfall im Institut du Monde Arabe

Im Quartier Latin befindet sich seit dem Mittelalter die berühmteste Universität Frankreichs, die Sorbonne. Zusammen mit St-Germain-des-Prés und Montparnasse bildet es das Intellektuellenviertel am linken Ufer der Seine.

Die Seine-Seite südlich der Île de la Cité nennen die Pariser »Rive Gauche«, linkes Ufer, und meinen damit eigentlich nur die drei Stadtviertel, die als Synonyme gelten für das künstlerische und intellektuelle Paris: Quartier Latin, St-Germain-des-Prés und Montparnasse.

Das Quartier Latin, das »lateinische Viertel«, verdankt seinen Namen der im Mittelalter gegründeten Universität, deren Lehrsprache natürlich Latein war. Die Sorbonne ist nach wie vor der Mittelpunkt der Pariser Universitätslandschaft, studentisches Leben prägt das Bild des Quartier Latin.

St-Germain-des-Prés hat eine ganz andere Geschichte hinter sich. Es entwickelte sich aus einer mächtigen Abtei, in der sich sogar fränkische Könige beerdigen ließen. Nur noch die ehemalige Abteikirche hat sich aus dieser Zeit erhalten. Doch sie ist zum Herzstück des Viertels geworden. Die existenzialistische Nachkriegsliteratur Frankreichs wäre ohne die legendären Caféhäuser um die Kirche St-Germain-des-Prés herum vielleicht gar nicht denkbar. Sie waren für Intellektuelle wie Jean-Paul Sartre Orte der Zusammenkunft und des Disputs in harten Zeiten. Heute geben im Viertel eher Modeboutiquen und Kunstgalerien den Ton an. Architektonisch hat vor allem das 19. Jh. St-Germain-des-Prés seinen Stempel aufgedrückt. Der prächtige Boulevard St-Germain bietet hierfür das beste Beispiel.

Am Montparnasse hat sich Paris leider einige schwere Bausünden geleistet. Eine davon ragt unübersehbar über 200 m hoch in den Himmel: das Bürohochhaus Tour Montparnasse. Im weiten Umkreis wurde das alte Montparnasse-Viertel regelrecht zu Tode saniert. Die kleinteilige und niedrige Bebauung wich zum Teil monströsen Blockbauten. In deren Schatten jedoch entdeckt man immer wieder charmante Ecken mit Künstlerateliers und kleinen Theatern. Auch der breite Boulevard Montparnasse mit seinen Brasserien hat den Sanierungen erfolgreich getrotzt.

Die Kirche St-Séverin im Quartier Latin

TOUREN LINKS DER SEINE

UNTERWEGS IM QUARTIER LATIN

VERLAUF: Boulevard St-Michel > St-Séverin > Musée du Moyen Age > Sorbonne > Collège de France > St-Etienne du-Mont > Panthéon > Place de la Contrescarpe > Rue Mouffetard

KARTE: Seite 112
DAUER: ca. 2 Std. reine Gehzeit
PRAKTISCHE HINWEISE:
- Der Spaziergang beginnt und endet in einem sehr belebten Viertel.
- Am Abend finden sich viele Bistros und Restaurants um St-Séverin, aber auch in der Rue Mouffetard.
- Ⓜ St-Michel bietet sich als guter Ausgangspunkt an.

An der großen Brunnenanlage der Place St-Michel bezwingt der Erzengel Michael seit 1860 den Drachen und direkt davor jeder Autofahrer das tägliche Verkehrschaos.

TOUR-START: BOULEVARD ST-MICHEL **1** 📖 F4/5

Der Boul' Mich, wie er im Volksmund genannt wird, ist die Hauptschlagader des pulsierenden Lebens im Quartier Latin. Weniger mondän als die großen Boulevards auf der anderen Seine-Seite um die alte Oper, ist er doch zur gleichen Zeit wie sie entstanden, im Zweiten Kaiserreich um 1860. Immer noch bestimmen studentische Buchhandlungen und Universitätsgebäude seinen Verlauf bis hinauf zur Place Rostand. Vor allem aber zweigt von ihm ein Gewirr von Gassen nach Osten ab, in dem beinahe alle Küchen der Welt mit kleinen Restaurants vertreten sind.

ST-SÉVERIN **2** 📖 F4

Mittendrin liegt die Kirche St-Séverin mit ihrem ausladenden Kapellenkranz, der dem nahen Vorbild von Notre-Dame folgt. Im Inneren bestimmt die Spätgotik, der französische Flamboyant-Stil, das Bild. Die Rundpfeiler, die sich im Chorumgang ohne Kapitelle ins Gewölbe regelrecht hinaufschrauben, haben kunstsinnige Zeitgenossen schon im 19. Jh. den Vergleich mit einem Palmenwald anstellen lassen.

Auf der anderen Seite der Rue St-Jacques, die dem Verlauf einer der Hauptachsen im römischen Lutetia, wie Paris damals hieß, folgt, versteckt sich die kleine Kirche St-Julien in einem Garten mit einer uralten Robinie. Von hier bietet sich ein Panoramablick auf Notre-Dame.

MUSÉE NATIONAL DU MOYEN-AGE **3** 📖 F4/5

Das nationale Museum des Mittelalters ist für seine reichhaltige Sammlung bekannt, aber auch für sein Gebäude, das **Hôtel de Cluny.**

Die Äbte der mächtigen Abtei im burgundischen Cluny ließen es sich als ihren Sitz in Paris Ende des 15. Jh. errichten. Einen besseren Ausstellungsort konnten etwa die Tapisseriefolge »Dame mit dem Einhorn« aus der gleichen Epoche oder aber die Originalköpfe der Königsgalerie an der Westfassade von Notre-Dame nicht finden.

Direkt daneben, dem Museum eingegliedert, liegt die gallorömische Thermenanlage aus dem 2. und 3. Jh., deren Kaltwasserbad (Frigidarium) am besten erhalten ist (6, pl. Paul Painlevé, tgl. außer Di 9.15–17.45 Uhr, in Teilen geschl. bis Herbst 2020, 5 €, www.musee-moyenage.fr).

SORBONNE 4 F5

Die Pariser Universität wird allgemein mit dem Namen Sorbonne gleichgesetzt, doch auf dem Pariser Stadtgebiet und darüber hinaus verteilt gibt es insgesamt zwölf Universitäten. Die Sorbonne ist jedoch sicher die bekannteste unter ihnen (www.sorbonne.fr).

Ihr Name geht auf den Gründer eines theologischen Kollegs zurück. Robert de Sorbon ließ 1257 Gebäude für Unterricht und Unterkunft der Theologiestudenten errichten. Das heutige Gebäude der Sorbonne entstand erst Ende des 19. Jhs. und ersetzte den 1626 im Auftrag von Kardinal Richelieu errichteten Vorgängerbau.

TOUREN LINKS DER SEINE

TOUR 8

UNTERWEGS IM QUARTIER LATIN

1 Boulevard St-Michel
2 St-Séverin
3 Musée National du Moyen-Age
4 Sorbonne
5 Collège de France
6 St-Etienne-du-Mont
7 Panthéon
8 Place de la Contrescarpe
9 Rue Mouffetard

TOUR 9

VON DER PLACE MONGE ZUR ÎLE ST-LOUIS

10 Mosquée de Paris
11 Muséum National d'Histoire Naturelle
12 Jardin des Plantes
13 Institut du Monde Arabe
14 Île-St-Louis

COLLÈGE DE FRANCE 5 ▮ F5

Das Collège de France ist eine ungewöhnliche Institution. Es ist weder Universität noch Elitehochschule. Jeder kann sich die Vorlesungen der 54 vom Staat berufenen Professoren anhören, die in allen Wissenschaftsbereichen von der Physik über die Mathematik bis hin zur Musik und den Bildenden Künsten arbeiten, aber niemand kann sich am Collège einschreiben oder gar einen Abschluss machen. Unter dem Renaissancemonarchen Franz I. wurde das Collège 1540 ins Leben gerufen. Seither steht es für die freie Wissensvermittlung für jedermann.

ST-ETIENNE-DU-MONT 6 ▮ F5

An diesem Sakralbau können auch Laien den Übergang von der Spätgotik zur Renaissance leicht nachvollziehen. Folgen Konstruktion und Aufbau der Kirche noch den Prinzipien der Gotik, so zeigt der einzige in Paris erhaltene Lettner (1530–1545), die Abgrenzung zwischen Chorbereich und Kirchenschiff, eine neue künstlerische Auffassung. Der Schwung der um die Pfeiler herumgeführten Wendeltreppen und die filigrane Dekoration machen ihn zu einem der wenigen echten Meisterwerke eines von der italienischen Renaissance beeinflussten Baustils in Paris.

PANTHÉON 7 ⭐ ▮ F5

Der gewaltige Kuppelbau wurde, dem Gelübde Ludwigs XV. folgend, 1764 als Grabkirche für die Pariser Schutzpatronin Ste-Geneviève begonnen. Vollendet wurde er allerdings erst 1791, mitten in der Französischen Revolution!

Damals war nicht mehr an eine Weihe des Baus als Kirche zu denken: 1793 verbrannte man die Reliquien der hl. Genoveva und streute die Asche in die Seine. Dem Panthéon wies die Nationalversammlung eine neue Rolle zu. Es wurde die Grablege der »großen Männer der Epoche der Freiheit«, etwa Voltaires und Rousseaus.

Im 19. Jh. immer mal wieder als Kirche genutzt, wurde der Bau mit der pompösen Grablege Victor Hugos endgültig ein Panthéon. Wissenschaftler, Literaten, Politiker oder Widerstandskämpfer wie Jean Moulin liegen hier begraben. Im düsteren Inneren beeindrucken die Fresken Puvis de Chavannes (Ende 19. Jh.) über das Leben der hl. Genoveva (tgl. 10–18.30, Okt.–März bis 18 Uhr, 9 €, www.paris-pantheon.fr).

PLACE DE LA CONTRESCARPE 8 ▮ F5

Im Herzen des südlichen Quartier Latin liegt dieser kleine Platz. Auch wenn er nicht historisch gewachsen ist, sondern erst 1852 angelegt wurde, hat er doch viel Charme mit seinen großblättrigen Blauglockenbäumen in der Mitte, dem Springbrunnen und den Caféterrassen, z. B. der des Café Delmas.

Ernest Hemingway wird hier den einen oder anderen Espresso genossen haben in den 1920er-Jahren, denn er wohnte um die Ecke in der Rue Cardinal Lemoine Nr. 74. Eine Gedenktafel erinnert an seine Pariser Jahre.

RUE MOUFFETARD 9 ◖ F5

Die Rue Moffetard ist eine der ältesten Straßen von Paris – schon die Römer zogen auf ihr gen Süden. Sie führt hinunter in das Viertel um die Kirche St-Médard.

In ihrem unteren Teil stehen noch einige wenige spätmittelalterliche Häuser (Nr. 135 bis 117). Hier ist sie eine für das Quartier typische Einkaufsstraße mit Käse- und Weingeschäften, Metzgereien, Bäckereien und Bars. Vor allem am Sonntagmorgen, wenn alle Welt sich mehr Zeit lassen kann, sollte man dem Treiben in einem Café bei einem Espresso oder Aperitif zuschauen.

TOUR 9

VON DER PLACE MONGE ZUR ÎLE ST-LOUIS

VERLAUF: Place Monge › Mosquée de Paris › Muséum National d'Histoire Naturelle › Jardin des Plantes › Institut du Monde Arabe › Île St-Louis › Pont Marie
KARTE: Seite 112
DAUER: ca. 2 Std. reine Gehzeit
PRAKTISCHE HINWEISE:

• Am Mittwoch, Freitag und Sonntag findet auf der Place Monge bis 14 Uhr ein Wochenmarkt statt. Eine gute Gelegenheit, den Spaziergang an der Ⓜ Monge zu beginnen.
• Montags ist das arabische Kulturinstitut, dienstags das Naturkundemuseum geschlossen.

TOUR-START:

Von der Place Monge erreicht man durch die Rue Larrey die Place du Puits de l'Ermite, an der die große Pariser Moschee liegt.

MOSQUÉE DE PARIS 10 ◖ G5

Die große Moschee und das muslimische Institut, in dem islamische Kultur und Sprache gelehrt werden, entstanden zwischen 1922 und 1926. Pate stand hierbei die maurische Architektur Südspaniens. Das Innere steht stilistisch den Moscheen Marokkos näher. Eukalyptus- und Zedernholz bestimmen das Bild. Mosaikfriese sind mit Koranversen verziert. Über allem erhebt sich das über 30 m hohe Minarett (2 bis, place du Puits-de-l'Ermite, geführte Besichtigungen tgl. außer Fr um 9, 12, 14 und 18 Uhr, 3 €, www.mosqueedeparis.net).

ZWISCHENSTOPP: RESTAURANT

Von der Rue Geoffroy St-Hilaire Nr. 39 und Nr. 41 aus sind der **maurische Teesalon** ❶ ◖ G5 (9–24 Uhr) und das **Restaurant** ❷ € ◖ G5, und natürlich der Hamam zu erreichen. Wer Lust auf echtes Couscous oder Tee mit frischer Minze hat, ist hier richtig.
• tgl. mittags und abends bis 24 Uhr

MUSÉUM NATIONAL D'HISTOIRE NATURELLE 11 ◖ G5

Zum nationalen Museum der Naturgeschichte gehören mehrere Gebäude, alle sind eingebettet in die weitläufige Grünanlage des Jardin des Plantes. Die am meisten besuchte »Galerie der Evolution«, die als gewaltiger Baukörper die Schmal-

Straßencafé in der Rue Mouffetard

seite des Botanischen Gartens markant besetzt, entstand zur gleichen Zeit wie der Eiffelturm, nämlich im Jahr 1889. 1994 wurde das Innere dieser Eisenkonstruktion renoviert und gänzlich umgestaltet.

30 m hoch ist die riesige Halle, die 3000 verschiedene Tierarten vorführt und die Evolution des Lebens auf unserem Planeten nachzeichnet. Spektakulär ist der Riesenkrake aus den Tiefen vor Neuseeland mit über 6 m Länge, vor dem sich Jung und Alt drängeln (36, rue Geoffroy St-Hilaire, tgl. außer Di 10–18 Uhr, 10 €, www.mnhn.fr).

JARDIN DES PLANTES 12 ▮ G5

Vor der großen Galerie breitet sich zur Seine hin der älteste Garten von Paris aus. Mit dem Aufkommen der systematischen Erforschung der Pflanzenwelt durch die Botaniker im 16. Jh. wurde auch bald die Idee geboren, einen großen botanischen Garten für Studienzwecke in Paris anzulegen. Ursprünglich hatte man

im Jardin des Plantes Heilkräuter für Ludwig XIII. angepflanzt. 1635 wurde er der Öffentlichkeit zugänglich gemacht.

Der Garten gehört noch immer zum renommierten botanischen Forschungsinstitut, das in den umliegenden Gebäuden untergebracht ist. Die sehr gepflegte Parkanlage mit ihren geometrischen Blickachsen und ihrer Blumenvielfalt zieht vor allem sonntags viele Besucher an.

Erst aus der Zeit der Französischen Revolution stammt die Menagerie, der weltweit älteste, in seiner ursprünglichen Form noch erhaltene **Zoo** (57, rue Cuvier, tgl. 9–18 Uhr, 13 €, ermäßigt 10 €).

INSTITUT DU
MONDE ARABE 13 ★ ▮ G5

Die arabische Welt beauftragte Mitte der 1980er-Jahre den französischen Architekten Jean Nouvel mit dem Bau eines Kulturinstituts, das dem Dialog zwischen Orient und Okzident dienlich sein sollte. Nouvel kam auf eine geniale Idee: An der gläsernen Hauptfassade des Institut du Monde Arabe öffnen bzw. schließen sich je nach Intensität des einfallenden Lichts computergesteuert Hunderte von Metallquadraten wie Linsenverschlüsse an Fotoapparaten. Das Institut besitzt eine historische Sammlung und zeigt Wechselausstellungen (1, rue des Fossés-St-Bernard, Di–Fr 10 bis 18, Sa, So bis 19 Uhr, Eintritt 8 €, www.imarabe.org).

Ein gläserner Aufzug fährt Besucher (auch ohne Eintritt) in die neunte Etage zur Aussichtsterrasse mit dem Café-Restaurant **Le Zyriab** (€€, Di–So mittags 12–15 u. 19.30 bis 24, Teesalon 15–18 Uhr). Von hier geht der Blick auf die beiden Seine-Inseln und weit über Paris.

ÎLE ST-LOUIS 14 ⭐ 📖 G4

Bis in die 1730er-Jahre war die kleinere der beiden Seine-Inseln nahezu unbebaut. Ihre Hauptstraße, die Rue St-Louis-en-l'Île, wird von kleineren Straßen und Gassen im rechten Winkel gekreuzt. An den Uferstraßen, den Quais, ließen die reichen Bauherren des 17. Jhs. ihre prachtvollen Hôtels errichten. In nahezu ununterbrochener Folge sind sie entlang dem Quai de Bourbon und dem Quai d'Anjou aufgereiht. Hinweistafeln an den Palais informieren über Namen, Bauzeit und Bewohner.

Trotz der strengen Struktur der Île St-Louis bewahren alle Gebäude ein menschliches Maß: Die Hôtels sind prachtvoll und geräumig, nie erschlagend und pompös. Längst

avancierte die Insel zur sehr teuren und sehr gesuchten Wohnadresse.

Über den **Pont Marie** geht es zur gleichnamigen Metrostation auf der anderen Seine-Seite.

DURCH ST-GERMAIN-DES-PRÉS

> **VERLAUF:** Musée d'Orsay > Musée Maillol > Boulevard Raspail > Bon Marché > Boulevard Saint-Germain > Saint-Germain-des-Prés > Place Furstenberg > Odéon > Saint-Sulpice > Jardin du Luxembourg

> **KARTE:** Seite 119
> **DAUER:** ca. 4 Std. reine Gehzeit, mit Besuch des Musée d'Orsay länger.
> **PRAKTISCHE HINWEISE:**
> • Keine Tour für den Sonntag, wenn das Musée d'Orsay geschlossen ist.
> • Der Spaziergang beginnt auf dem Boulevard St-Germain und endet im Jardin du Luxembourg. Ausgangspunkt: Ⓜ Solférino.

TOUR-START:
MUSÉE D'ORSAY 15 ⭐ 6 📖 E4

Nur knapp 40 Jahre war der Orsay-Bahnhof in Betrieb: 1900 zur Weltausstellung eröffnet, stellte er 1939 seinen Betrieb ein. Für den lange vom Abriss bedrohten Bau fand man Anfang der 1980er-Jahre dann die Nutzungsmöglichkeit eines Museums. Die italienische Architektin Gae Aulenti überzeugte mit ihren Entwürfen, und so eröffnete 1987 das architektonisch vielleicht erstaunlichste Museum in Paris: Es ist ausschließlich der Kunst des 19. Jhs. gewidmet und zeigt Werke aller Gattungen aus der Zeit von 1840 bis 1905. Unter der riesigen Uhr im Inneren gestaltete Aulenti eine »Skulpturenstraße«: Von den akademischen Auftragsarbeiten bis hin zu den eigenwilligen Kompositionen Auguste Rodins reichen die Exponate.

Immer wieder sind es die Gegensätze in der Kunstauffassung, die im Musée d'Orsay überraschen. Zwischen der schaumgeborenen Venus des Malers Cabanel, umschwirrt von pausbäckigen Putten, und der lasziv dem Bildbetrachter von ihrem Lotterbett aus zugewandten »Olympia« des Edouard Manet lie-

gen Welten. Die eine Darstellung gefiel im offiziellen Kunstsalon, die andere sorgte wegen ihres verfänglichen Realismus für Empörung.

Eine der weltgrößten Impressionistensammlungen wartet im Obergeschoss. Monets Serie der Ansichten der Kathedrale von Rouen fasziniert genauso wie die Tänzerinnen von Degas oder die Milieustudien Renoirs. Ebenfalls prominent vertreten sind zwei Einzelgänger in der Kunst: Vincent van Gogh und Paul Cézanne.

Neben den primitiv anmutenden Szenen des Zöllners Rousseau und Gauguins Südseebildern zeigt das Musée d'Orsay aber auch Kunsthandwerk und Möbel des Jugendstils und die Meilensteine der Fotografiegeschichte (1, rue de la Légion d'Honneur, tgl. außer Mo 9.30–18, Do bis 21.45 Uhr, 12 €, www.musee-orsay.fr).

Die große Bahnhofsuhr an der Stirnseite des Musée d'Orsay bietet den Blick nach draußen

MUSÉE MAILLOL 16 ▮ E4

Der Künstler Aristide Maillol (1861 bis 1944) stammte aus einem kleinen Pyrenäendorf. Als 20-Jähriger widmete er sich im Paris der späten 1890er-Jahre zunächst der Malerei, dann verschrieb er sich der Bildhauerei. Er entdeckte auf Reisen nach Griechenland die klassische Antike und versuchte in seinen Skulpturen – es sind meist Akte – Tradition und Moderne miteinander zu vereinen. Als knapp 70-Jähriger lernte er die erst 15-jährige Dina Vierny kennen, die fortan sein Modell und seine Muse werden sollte.

Erst 1995, lange nach Maillols Tod gelang es Dina Vierny, ein Museum in einem alten Pariser Stadtpalais einzurichten, in dem sie seither sein Werk, aber auch ihre eigene Kunstsammlung zeigt (61, rue de Grenelle, bei Wechselausstellungen tgl. 10.30–18.30, Fr bis 20.30 Uhr, 13,50 €, www.museemaillol.com).

BON MARCHÉ 17 ▮ E4

Bon marché heißt im Französischen eigentlich »billig«, doch das sind die erlesenen Waren in diesem vielleicht »pariserischsten«, auf jeden Fall aber ältesten aller großen Kaufhäuser der Stadt keinesfalls › S. 40.

Hervorgegangen aus einer kleinen Boutique, wuchs das Bon Marché um 1870 zu Kaufhausgröße an. Neben anderen stellte Gustave Eiffel beim Neubau seine Ingenieurskunst unter Beweis. Erweitert wurde das Haus nochmals 1923, was an seiner geradlinigen Art-déco-Bauweise vor allem im Inneren leicht abzulesen ist.

Ein Muss für Freunde exotischer Feinschmeckerabteilungen und eines riesigen kulinarischen Angebots aus aller Welt ist die **Grande Épicerie** › S. 43, die zum Kaufhaus Le Bon Marché gehört. Dieser überdimensionale Delikatessenhimmel bietet rund ums Jahr fast alles, was das Herz begehren könnte.

BOULEVARD ST-GERMAIN 18 ▮ E/F4

Dieser breite Boulevard entstand erst im Zuge der städtebaulichen Veränderungen Mitte des 19. Jhs. durch Baron Haussmann. Ein Gewirr kleiner mittelalterlicher Gassen musste ihm weichen.

Der interessanteste Abschnitt des Boulevards reicht von der Kreuzung mit der Rue du Bac im Westen bis hin zum **Hôtel de Cluny** › S. 111 weiter östlich. Traditionelle Treffpunkte des kulturellen und politischen Paris waren (und sind) die Cafés und Brasserien rund um die Place St-Germain-des-Prés, an der auch die namengebende Kirche steht.

ZWISCHENSTOPP: CAFÉ/RESTAURANT

Berühmt geworden sind das Café **Les Deux Magots** ❸ ▮ E4 › S. 38 und das **Café de Flore** ❹ ▮ E4 › S. 38, in denen Literaten wie Jean-Paul Sartre und Simone de Beauvoir, in Manuskripte vertieft, ihre Tage verbrachten. Denn hier war es geheizt, und der Kaffee beflügelte den kritischen Geist. Wenn sich der Hunger einstellte, brauchte man nur die Straßenseite zu wechseln: Die **Brasserie Lipp** ❺ ▮ E4 › S. 34 gilt seit den 1920er-Jahren als die »Kantine von St-Germain«.

ST-GERMAIN-DES-PRÉS 19 ⭐ ▮ E4

Die in großen Teilen noch romanische Kirche ist der einzige sichtbare Überrest einer im Mittelalter mächtigen Benediktinerabtei vor den Toren von Paris. Der Namenszusatz »des Prés«, verweist auf die ausgedehnten Ländereien im Besitz der Abtei des hl. Germanus (St-Germain). Das Kloster unterstand direkt dem Papst und war somit unabhängig vom Pariser Bischof. Mit der Französischen Revolution verschwanden auch noch die letzten Reste der Klosteranlage; nur der

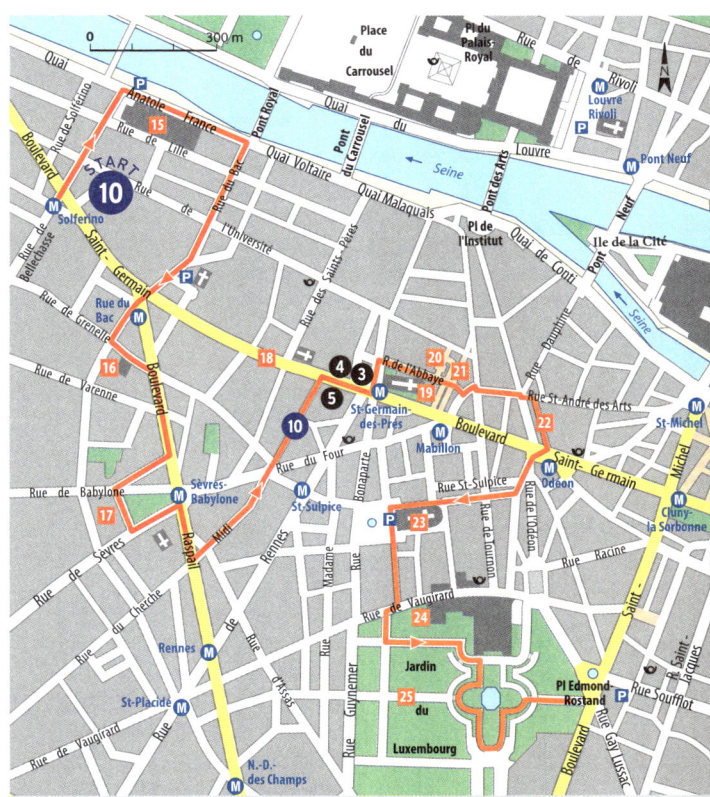

TOUREN LINKS DER SEINE – ST-GERMAIN-DES-PRÉS

TOUR 10

DURCH ST-GERMAIN-DES-PRÉS

15 Musée d'Orsay
16 Musée Maillol

17 Bon Marché
18 Boulevard St-Germain
19 St-Germain-des-Prés
20 Place Furstenberg
21 Musée Delacroix

22 Passage du Commerce St-André
23 St-Sulpice
24 Musée du Luxembourg
25 Jardin du Luxembourg

Chor der ehemaligen Abteikirche stammt noch aus dem 12. Jh. Im Inneren wirkt der Bau heute ziemlich düster.

PLACE FURSTENBERG 20 █ E4

Benannt ist dieser Platz nach Wilhelm Egon von Fürstenberg (1629–1704), einem deutschen Ad-

ligen, der 1657 die Bekanntschaft des jungen Königs Ludwig XIV. machte und an den französischen Hof übersiedelte. Ihm unterstand die mächtige Abtei St-Germain-des-Prés, wo er 1704 starb. Heute umgeben einige exquisite Einrichtungsgeschäfte den malerischen Platz mit seinen großen Blauglockenbäumen in der Mitte. Schon mehrfach wurden hier Filmszenen gedreht, z. B. für »Zeit der Unschuld« von Martin Scorsese.

DIE SCHÖNSTEN PLÄTZE

- **Place Dauphine:** Der alte Königsplatz ist einer der romantischsten Orte in Paris. In den kleinen Bistros lässt sich die Mittagszeit am besten genießen. > S. 74
- **Place Vendôme:** Nicht nur zur Zeit Ludwigs XIV. ging es hier prächtig zu – unter seinem Sonnensymbol funkeln heute Juwelen in den Schaufenstern. > S. 86
- **Place Furstenberg:** Vor allem im Frühjahr, wenn der riesige Blauglockenbaum blüht, ist der versteckte Platz im St-Germain-des-Prés-Viertel ein beliebtes Fotomotiv. > S. 120
- **Place du Marché Ste-Catherine:** Auf dem (fast) autofreien Platz fällt die Auswahl immer schwer – auf einer Bank unter Bäumen ausruhen oder sich doch ins Café setzen? > S. 130
- **Place des Vosges:** Ein Bummel unter den Arkaden bietet nicht nur bei Regen Schutz. Die architektonische Perfektion des über 400 Jahre alten Platzes vergisst man nicht so schnell. > S. 132

MUSÉE DELACROIX 21 █ E4

An einer Ecke des Place Furstenberg liegt der Eingang zu einem Ateliermuseum, das einem der berühmtesten französischen Maler des 19. Jhs. gewidmet ist.

1857 hatte Eugène Delacroix (1798–1863), der Maler der berühmten Revolutionsallegorie von 1830, »Die Freiheit führt das Volk an« (zu sehen im Louvre > S. 78), das kleine Haus bezogen und sich im Garten ein Atelier einrichten lassen, das ebenfalls zu besichtigen ist. In den Wohnräumen, in denen Delacroix 1863 starb, sind Porträts, Aquarelle und Skizzen zu seinen Ölbildern ausgestellt, die heute in den großen Museen hängen (6, Rue de Furstenberg, tgl. außer Di 9.30 bis 17.30, jeden ersten Do im Monat bis 21 Uhr, 7 €, Kombiticket mit Eintritt auch in den Louvre 15 €, www.musee-delacroix.fr).

Die Rue de l'Abbaye stößt bald auf die Rue de Seine, die für ihre Kunstgalerien bekannt ist. Vor allem vormittags füllt sich die Rue de Buci mit Leben, denn hier reiht sich ein Lebensmittelgeschäft an das nächste. In der Rue St-André-des-Arts zweigt dann plötzlich unter einem Torbogen eine enge, mit Kopfsteinen gepflasterte Gasse ab.

PASSAGE DU COMMERCE ST-ANDRÉ 22 ▮ F4

Die niedrigen Häuser zu beiden Seiten dieser Gasse, einem Verbindungsgang zum Boulevard St-Germain, stammen alle aus der Zeit kurz vor der Französischen Revolution. Im Haus Nr. 9 soll Dr. Guillotin die nach ihm benannte Erfindung erstmals an Schafen getestet haben. Heute geht es hier ruhiger zu. Eine Folge kleiner, versteckter Höfe um die Cour de Rohan öffnet sich zur Linken.

Tritt man wieder auf den Boulevard St-Germain hinaus, braust lautstark der Autoverkehr vorbei. Rund um die Metrostation **Odéon**

fallen die vielen Kinos auf, die sich in diesem Studentenviertel auch am Nachmittag keine Sorgen um Kundschaft machen müssen.

ST-SULPICE 23 ▮ E/F4

Der Kirchenbau ist gewaltig. Einst stand hier eine kleine Kirche aus dem 12. Jh. Als das Quartier zu wachsen begann, wurde 1646 der Grundstein für den jetzigen Kirchenbau St-Sulpice gelegt. Nachdem ein Blitz die Fassade zerstört hatte, wurde Mitte des 18. Jhs. die heutige Kirche errichtet. Mit ihren beiden Türmen, von denen der rechte nie fertig wurde, macht sie einen recht strengen Eindruck.

Im pompösen Inneren ist vor allem die erste Kapelle im rechten (südlichen) Seitenschiff sehenswert. Hier hat der Maler Delacroix 1861 auf einem Wandbild Jakob mit dem Engel kämpfen lassen.

In der Passage du Commerce St-André

MUSÉE DU LUXEMBOURG 24 ▮ E/F5

Neben einem der Eingänge zum Jardin du Luxembourg liegt die ehemalige Orangerie des Palais du Luxembourg. Zur Rue de Vaugirard hin wurde um 1880 ein weiteres Gebäude errichtet, das heute das Musée du Luxembourg beherbergt.

In diesem Bau veranstaltet der Senat sehr erfolgreiche Ausstellungen, häufig zur klassischen Moderne, aber auch zur Kunst der Renaissance, denn schließlich tagt der Senat, die zweite Kammer des französischen Parlaments, im Palais du Luxembourg. Diese Residenz breitet sich prachtvoll zum Jardin du Luxembourg hin aus (19, Rue de Vaugirard, nur für Wechselausstellungen Mo–Do 10.30–18, Fr–So 10.30–19 Uhr, 13 €, www.museedu luxembourg.fr).

JARDIN DU LUXEMBOURG 25 ⭐ ▮ E/F5

Maria de' Medici, die Witwe des 1610 ermordeten Königs Heinrich IV., kaufte 1612 das Gelände, um hier ein Palais für sich errichten zu lassen. Ihr Architekt Salomon de Brosse ließ sich vom Vorbild des Palazzo Pitti in Florenz inspirieren, der Heimatstadt seiner Auftraggeberin. Zur Verherrlichung ihres eigenen Lebens beauftragte Maria de' Medici den flämischen Maler Peter Paul Rubens, dessen Stationen auf großformatigen Bildern zu verewigen. Sie hingen zunächst im Treppenaufgang; inzwischen befindet sich der Zyklus im Musée du Louvre › S. 77.

Der Palastgarten der Maria de' Medici wurde erst im frühen 19. Jh. öffentlich zugänglich. Heute ist er die grüne Lunge der Rive Gauche. Metallstühle, die sich beliebig versetzen lassen, stehen frei zur Verfügung. Ein altes **Marionettentheater** und ein riesiges Spielareal für Kinder (Eintritt) sind vor allem an den Wochenenden gut besucht. Im Schatten der alten Platanen wird Boule gespielt, und der kleine Teesalon unter Bäumen ist fast immer bis auf den letzten Platz besetzt.

TOUR 11

AM MONTPARNASSE

VERLAUF: Musée Bourdelle › Tour Montparnasse › Boulevard du Montparnasse › Rue de la Gaîté › Place de Catalogne › Notre-Dame-du-Travail › Cimetière du Montparnasse › Catacombes › Place Denfert Rochereau › Fondation Cartier

KARTE: Seite 123

DAUER: 3 Std. reine Gehzeit

PRAKTISCHE HINWEISE:

- Mo sind sowohl das Musée Bourdelle als auch die Fondation Cartier geschlossen.
- Sa pulsiert das Leben auf zwei Wochenmärkten: auf dem Boulevard Edgar Quinet und auf der Place Brancusi in der Nähe der Rue de l'Ouest (Biomarkt).
- Start ist an der Ⓜ Duroc.

TOUR-START:

MUSÉE BOURDELLE 26 🕮 D5

Antoine Bourdelle (1861–1929) gehört nicht gerade zu den bekanntesten Bildhauern des frühen 20. Jhs., aber als Schüler Rodins und Lehrer Giacomettis gebührt ihm dennoch ein wichtiger Platz. Seine Skulpturen sind monumental und finden ihre Vorbilder in der Antike und im Mittelalter. Erst lange nach seinem Tod öffnete man sein ehemaliges Atelier als Museum (18, rue A. Bourdelle, www.bourdelle.paris.fr, tgl. außer Mo 10–18, Eintritt frei, außer für Wechselausstellungen).

TOUR MONTPARNASSE 27 🕮 D/F5

Wäre dieses Hochhaus nicht das einzige auf Pariser Stadtgebiet und wäre der Ausblick über ganz Paris von seiner Panoramaterrasse in 210 m Höhe nicht so spektakulär, kaum jemand würde sich für den 59 Stockwerke hohen Tour Montparnasse interessieren (tgl. 9.30 bis 23.30, letzter Aufzug 23 Uhr, 18 €, ermäßigt 15/9,50 €, Kinder unter 4 Jahren frei, www.tourmontparnasse56.com).

Seit 1974 gehört das Hochhaus zur Neugestaltung des Geländes, auf dem einst die 1852 eröffnete alte Gare Montparnasse stand. Der neuere Bahnhof von 1990 zu Füßen des Hochhauses ist heute einer der wichtigsten in Paris: Von hier aus starten die Hochgeschwindigkeitszüge der SNCF in Richtung Atlantikküste.

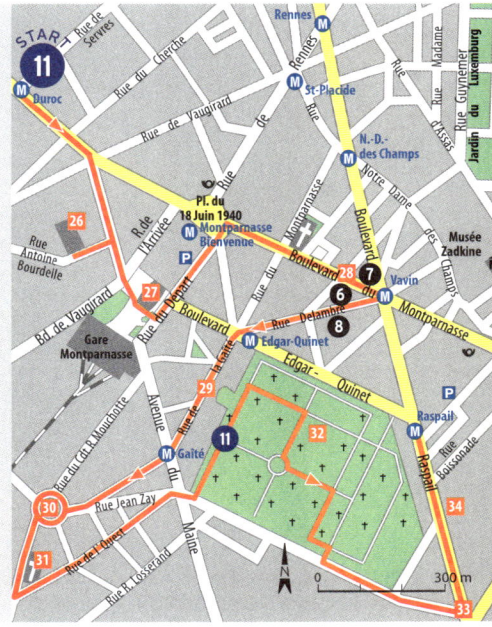

TOUREN LINKS DER SEINE – MONTPARNASSE

TOUR 11

AM MONTPARNASSE

26 Musée Bourdelle
27 Tour Montparnasse
28 Boulevard du Montparnasse
29 Rue de la Gaîté
30 Place de Catalogne
31 Notre-Dame-du-Travail
32 Cimetière du Montparnasse
33 Catacombes
34 Fondation Cartier

MÄRKTE MIT ATMOSPHÄRE

- **Marché Raspail:** Auf diesem Wochenmarkt im eleganten 6. Arrondissement lässt sich allerlei Prominenz beim Einkaufen treffen. Di, Fr und So. › **S. 40**
- **Marché Brancusi:** Rendez-vous der Biobauern, die hier ihre frischen Produkte den Großstädtern anbieten. Place Brancusi, Ⓜ Gaîté, Sa 9–15 Uhr. › **S. 40**
- **Marché Dejean:** »Klein-Afrika« in Paris mit seinem exotischen Angebot von der Yamswurzel bis zum Baracuda-Fisch. Westlich des Montmarte-Viertels in der Rue Dejean, Ⓜ Chateau Rouge, tgl. außer Mo 🔖 F1.
- **Marché Place Monge:** Ein Muss für Flaneure im Quartier Latin unweit des Jardin des Plantes, klein und überschaubar. Mi, Fr und So. › **S. 114**
- **Marché des Enfants Rouges:** Einer der wenigen überdachten Pariser Märkte, mit Mittagspause sogar ganztägig geöffnet. Tgl. außer Mo, Ⓜ Temple 🔖 G3.
- **Marché Bastille:** Sicher einer der größten Pariser Märkte, der sich unter den Bäumen am Boulevard Richard Lenoir erstreckt. Do und So, Ⓜ Bastille 🔖 H4.
- **Marché Place des Fêtes:** Riesiger Wochenmarkt im Osten, vor allem mit vielen Fischständen und bunter multikultureller Atmosphäre. Di, Fr und So, Ⓜ Place des Fêtes. › **S. 138**

BOULEVARD DU MONTPARNASSE 28 🔖 D/F5

Zwischen der Place du 18 juin 1940 und der Place Pablo Picasso zeigt sich der Boulevard du Montparnasse von seiner besten Seite. Kinos wechseln sich mit Theatern und Brasserien ab. Abends will diese Lebensader des Montparnasse-Viertels nicht zur Ruhe kommen, und das seit über 100 Jahren. Nachdem der Montmartre für die Künstler an Attraktivität verloren hatte, traf man sich eben am Montparnasse.

ZWISCHENSTOPP: RESTAURANTS, BAR

Künstler wie Brancusi, Chagall, Matisse, Picasso und Modigliani verkehrten einst in den legendären Brasserien **La Coupole** 6 €€ 🔖 E5 › **S. 33** von 1927 und **La Rotonde** 7 €€ 🔖 E5 von 1911 im Art-déco-Stil.
- Nr. 105 | Tel. 01 43 26 68 84 www.rotondemontparnasse.com tgl. 12–1 Uhr

Eine Hommage an Orson Welles und eine Institution des Montparnasse ist die Cocktailbar **Rosebud** 8 🔖 E5.
- 11 bis, rue Delambre | Tel. 01 43 35 38 54 tgl. 19–2 Uhr

RUE DE LA GAÎTÉ 29 🔖 E5/6

Heute ist diese Straße vor allem bekannt für ihre vielen Theater. Im frühen 19. Jh., als sie noch vor den Toren von Paris lag, gab es hier eine Vielzahl von *guinguettes*, volkstümlichen Cabarets, in denen auch Tanzbälle veranstaltet wurden. Erhalten hat sich das **Théâtre Montparnasse** (Nr. 31), dessen Café von 1886 für jedermann zugänglich ist.

PLACE DE CATALOGNE 30 ◫ D6

Diesen Platz entwarf der katalanische Architekt Riccardo Bofill 1985. Er verwendete Architekturelemente wie die Säule mit Kapitell oder den Giebel, die man sonst nur von Schlossfassaden oder Adelspalästen her kennt – hier aber für Wohnungsbauten und aus Beton gegossen. In der Platzmitte ragt schräg eine riesige, unaufhörlich von Wasser überrieselte Scheibe aus dem Boden, die aus Tausenden von Granitsteinen aus der Bretagne besteht.

NOTRE-DAME-DU-TRAVAIL 31 ◫ D6

Das Innere der Kirche macht schnell deutlich, warum sie den Namen »Liebfrauenkirche der Arbeit« trägt. Wie eine Fabrikhalle besteht sie aus einem Metallskelett mit filigranen Stützen und hohen Gewölben, die den Formen der Gotik nachempfunden sind. Dieser ungewöhnliche Kirchenraum entstand um 1900. So ist es auch der Jugendstil, der deutlich an den Wandgemälden mit ihren religiösen Szenen abzulesen ist.

CIMETIÈRE DU MONTPARNASSE 32 ◫ E5/6

Im 16. Jh. gab es hier vor der Stadt lediglich eine Schutthalde, die bald zu einem kleinen Hügel anwachsen sollte. Ein Jahrhundert später gab ihm der Volksmund den Namen Montparnasse. Erst 1824 wurde an dieser Stelle ein Friedhof angelegt, damals immer noch vor den Toren von Paris. Der Literat Guy de Maupassant, die Maler André Lhote und Man Ray, der Komponist Camille Saint-Saëns sowie Jean-Paul Sartre und Simone de Beauvoir liegen hier begraben (Mitte März–Anfang Nov. Mo–Fr 8–18, sonst bis 17.30, Sa ab 8.30, So ab 9 Uhr).

CATACOMBES 33 ◫ E6

Nachdem aus hygienischen Gründen die innerstädtischen Friedhöfe geschlossen worden waren, fanden zwischen 1786 und 1815 Millionen menschlicher Skelette eine neue Bleibe. Die unterirdischen Kalksteinbrüche, damals noch im Süden vor den Toren von Paris gelegen, nahmen in ihrem verzweigten Tunnelsystem die Gebeine auf (1, place Denfert-Rochereau, Di–So 10 bis 20.30, letzter Einlass 19.30 Uhr, 13 €, ermäßigt 11 €, www.catacombes.paris.fr; Achtung: die Temperatur beträgt permanent nur 14°C!).
> mehr S. 12 Punkt ❶

FONDATION CARTIER 34 ◫ E6

Die französische Nobelmarke Cartier, bekannt für teure Statussymbole wie Juwelenschmuck und Uhren, leistet sich seit 1984 den Luxus, in aktuelle Kunst zu investieren. Mit Sachverstand und Leidenschaft wurde eine Sammlung aufgebaut, für die der Architekt Jean Nouvel 1994 ein geniales Gebäude errichtete.

Hinter einer Glaswand entstand ein ebenfalls gläserner Bau, in dem die Fondation Cartier seither residiert und Ausstellungen zu Malerei, Skulptur, Video, Fotografie, Design und Kino organisiert (261, blvd. Raspail, tgl. außer Mo 11–20, Di bis 22 Uhr, 10,50 €, www.fondation cartier.com).

MARAIS UND DER OSTEN

Seit 1946 gibt es die Boulangerie-
Pâtisserie von Sacha Finkelsztajn
in der Rue des Rosiers

Im Marais liegt mit der Place des Vosges wohl einer der schönsten Plätze von Paris. Die Viertel im Osten um den Friedhof Père Lachaise und den Parc de la Villette haben in den letzten Jahren stark an Attraktivität gewonnen.

Marais bezeichnet im Französischen den Sumpf. Dieser wurde bereits seit dem 13. Jh. an den rechten Seine-Ufern trockengelegt; im 17. Jh. entstand hier ein nobles Pariser Quartier, in dem der Adel seine Paläste errichten konnte. Viele dieser Palais haben sich erhalten, doch sind es jetzt meist Museen oder Bibliotheken, die sich in den sorgsam restaurierten Gemäuern ausgebreitet haben. Die von gleichförmigen Pavillons umstandene Place des Vosges ist vielleicht der schönste Pariser Platz. Er lag ursprünglich kurz vor der östlichen Stadtgrenze. Hier sollte dann Ende des 18. Jhs. eine kleine Bastion in die Geschichtsbücher eingehen: die Bastille, von der nichts mehr übrig ist, da sie während der Französischen Revolution niedergerissen wurde. Dahinter öffnet sich der Pariser Osten, der in den letzten zehn Jahren stark an Attraktivität gewonnen hat. Von den innerstädtischen Immobilienpreisen abgeschreckt, zog es vor allem junge Leute und Familien in diese sozial und ethnisch sehr gemischten Viertel von Paris. Zwischen dem berühmten Friedhof Père Lachaise und dem Parc de la Villette im Nordosten zeigt sich Paris einmal nicht von seiner musealen Seite. Multikultureller als Belleville ist kein anderes Viertel von Paris, und die Kneipendichte der Rue Oberkampf ist legendär. Gemächlich geht es an den Ufern des Canal de l'Ourcq und Canal St-Martin zu.

Das Géode-Kino im Parc de la Villette

TOUREN IM MARAIS UND IM OSTEN

CENTRE POMPIDOU BIS GARE DE LYON

VERLAUF: Centre Pompidou › Musée Picasso › Rue des Rosiers › Musée Carnavalet › Hôtel de Sully › Place des Vosges/Musée de Victor Hugo › Place de la Bastille › Rue du Faubourg-St-Antoine › Marché d'Aligre › Viaduc des Arts › Gare de Lyon

KARTE: Seite 130
DAUER: 2–3 Std. reine Gehzeit
PRAKTISCHE HINWEISE:
- **Ausgangspunkt:** Ⓜ Rambuteau am Centre Pompidou.
- Da das Centre Pompidou und das Musée Picasso Di und das Musée Carnavalet Mo geschlossen haben, sollte man die Tour an keinem der beiden Tage unternehmen.

TOUR-START: CENTRE POMPIDOU 1 ⭐ 8 📖 G4

Wer an der Metrostation Rambuteau aussteigt, steht plötzlich vor einem riesigen, scheinbar nur aus farbigen Röhren und weißem Gestänge bestehenden Baukörper, der von einigen Parisern gern als »innerstädtische Ölraffinerie« bezeichnet wird – so befremdlich ist für viele sein Aussehen noch heute.

Dabei feierte das Centre National d'Art et de Culture Georges Pompidou 2017 bereits den 40. Geburtstag.

Das Centre Pompidou ist das Werk der Architekten Richard Rogers und Renzo Piano. 1977 fertiggestellt, zeichnet es sich architektonisch dadurch aus, dass sich die eigentliche Konstruktion des Baus mit seinen sechs Stockwerken nicht hinter Fassaden versteckt, sondern offengelegt wird.

Höhepunkt des Centre ist zweifellos das **Musée National d'Art Moderne** (4. und 5. Stock), das neben dem New Yorker Museum of Modern Art die weltweit größte Sammlung moderner Kunst besitzt. Im 5. Stock wird die Kunst von 1905 bis 1960 in hervorragenden Beispielen von Matisse über Picasso, Delaunay, Miro, Chagall und Kandinsky bis Calder u. a. gezeigt. Der Museumsbesuch sollte hier oben beginnen. Eine Etage tiefer ist die Kunst von 1960 bis heute zu sehen. An den ausgestellten Werken vorbei fällt der Blick durch die großen Fensterfronten, hinter denen sich das Pariser Häusermeer ausbreitet.

Im Bau untergebracht sind auch eine öffentliche Bibliothek (1.–3. Stock), Säle für Film- und Ballettvorführungen, Konzerte sowie natürlich für Kunstausstellungen. Eine Buchhandlung und ein Designshop runden das Angebot ab (tgl. außer Di 11–22, letzter Einlass 21 Uhr, 14 €, ermäßigt 11 €, www.centre pompidou.fr).

ZWISCHENSTOPP: RESTAURANT

Das Centre Pompidou bietet neben dem relaxten **Mezzanine Café** ❶ 📖 G4 im 2. Stock als gastronomisches Aushängeschild das futuristische Restaurant **Georges** ❷ €€€ 📖 G4 im 6. Stock mit spektakulärem Panoramablick über fast ganz Paris.

- Tel. 01 44 78 47 99
  http://restaurantgeorgesparis.com
  12–2 Uhr, Di geschl.

Auf dem Platz vor dem Centre Pompidou kommen täglich viele Menschen zusammen, die sich von Straßenkünstlern unterhalten lassen oder sich z. B. an der Schmalseite des Gebäudes vor der »Fontaine Igor Strawinsky« mit amüsanten wasserspritzenden Maschinen und bunten Figuren des Künstlerpaars Jean Tinguely/Niki de Saint Phalle fotografieren lassen.

MUSÉE PICASSO ❷ ⭐ 📖 G4

Eines der großen Adelspalais des Marais, das Hôtel Salé, bietet den Rahmen für ein berühmtes Museum: Der um 1660 errichtete und 2014 renovierte Bau beherbergt die staatliche Picasso-Sammlung.

Alle Schaffensperioden des großen spanischen Künstlers sind hier vertreten: von den Skizzen aus seiner Kindheit, die das Genie schon erkennen lassen, über die kubistische Phase bis hin zu seinem pastosen und fast etwas depressiv wirkenden Spätwerk. Auch Keramiken und Skulpturen sind zu sehen (5, rue de Thorigny, Tel. 01 42 71 25 21, Di–Fr 10.30–18, Sa, So 9.30–18 Uhr, 12,50 €, www.museepicassoparis.fr)

RUE DES ROSIERS ❸ 📖 G4

Im Jiddischen werden die Rue des Rosiers und ihre Seitenstraßen als das Pletzl bezeichnet. Vor der Französischen Revolution waren es vor allem Juden von der iberischen Halbinsel, die Sephardim, die hier eine Gemeinschaft bildeten. Seit dem 19. Jh. siedelten sich dann viele Juden aus Mittel- und Osteuropa hier an. Diese Aschkenasim richteten ihr Leben streng religiös aus. Koschere Geschäfte wie Bäckereien und Metzgereien der orthodoxen Juden bestimmten das Bild im Pletzl. Heute hat sich dies geändert, denn immer mehr schicke Mode- oder Einrichtungsboutiquen verdrängen die alteingesessenen Geschäfte. Die Bewohner beklagen den Wandel ihres Viertels. Die Schließung des einst berühmten Restaurants Jo Goldenberg, des kulinarischen Aushängeschilds der Rue des Rosiers, war ein Schock.

ZWISCHENSTOPP: RESTAURANT

Geblieben sind Falafel-Snacks, Cafés und glücklicherweise das Restaurant **Chez Marianne** ❸ 📖 G4, wahrlich eine Institution im Marais-Viertel > S. 36.

MUSÉE CARNAVALET ❹ 📖 G4

In der Rue des Francs-Bourgeois liegen die ältesten Hôtels des Marais. Das Hôtel Carnavalet wurde im Renaissancestil des 16. Jhs. errichtet und später mehrfach umgebaut. Im Ehren- und heute Eingangshof steht ein Bronzestandbild Ludwigs XIV.

Seit 1989 ist in dem Bau das Musée Carnavalet untergebracht, das die Pariser Stadtgeschichte von der

Bronzezeit bis in die Gegenwart anhand archäologischer Fundstücke sowie mit herausragenden Kunstwerken nachzeichnet (23, rue de Sévigné, derzeit wegen Renovierung bis voraussichtlich Ende 2019 geschl., www.carnavalet.paris.fr).

Durch die Rue de Sévigné gelangt man bald zur kleinen **Place du Marché Ste-Cathérine** mit ihren vielen Bistros unter Bäumen. Die Rue de Turenne führt anschließend hinunter zur hektischen Rue St-Antoine, an der sich der prächtige Eingang zum Hôtel de Sully befindet, heute Sitz des Amtes für Denkmalpflege (Nr. 62).

HÔTEL DE SULLY 5 ▮ G4

Das Palais wurde von einem der um 1600 berühmtesten Männer Frankreichs bewohnt, von Maximilian de Béthune, Graf von Sully. Auf dem Höhepunkt seiner Karriere war er Finanzberater von Heinrich IV., der 1594 als erster Bourbone französi-

scher König wurde. Als Sully das Palais im Pariser Marais erwarb, war er bereits 74 Jahre alt. Er ließ es üppig dekorieren und mit großen Fenstern versehen. An den Fassaden des Eingangshofs, den ein Torbau zur Straße hin begrenzt, finden

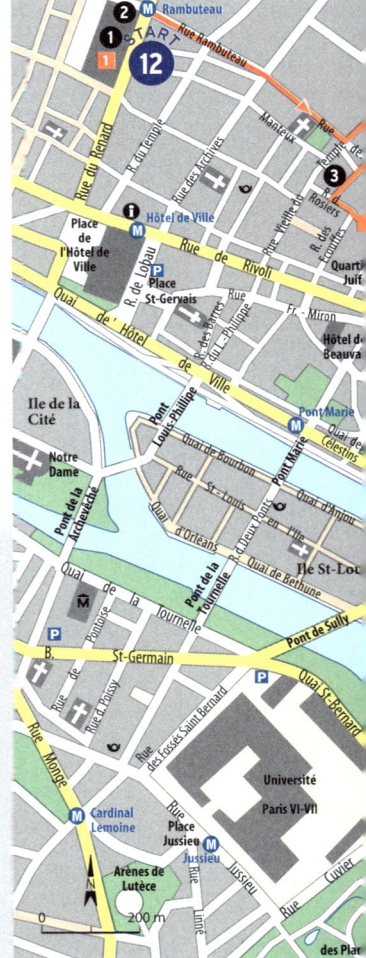

TOUR IM MARAIS

TOUR 12

CENTRE POMPIDOU UND MARAIS

1 Centre Pompidou
2 Musée Picasso
3 Rue des Rosiers
4 Musée Carnavalet
5 Hôtel de Sully
6 Place des Vosges
7 Place de la Bastille
8 Rue du Faubourg-St-Antoine
9 Square Trousseau
10 Marché d'Aligre
11 Viaduc des Arts
12 Gare de Lyon

sich allegorische Reliefs: Der Herbst als junger Mann mit Weintrauben, der Winter als alter bärtiger Mann mit Stock und vier spärlich bekleidete Frauen sind zu erkennen. Sie stellen die vier Elemente Wasser, Erde, Feuer und Luft dar. Durch den Haupteingang gelangt man auf die Gartenseite des Palais. Hier stellen zwei weibliche Allegorien den Frühling mit Füllhorn und den Sommer mit Kornähren dar. Nach Norden wird der großzügige Garten von einer Orangerie mit Sonnenuhr

begrenzt. Rechts führt ein Durchgang (tgl. 9–19 Uhr) direkt unter die Arkaden der Place des Vosges.

PLACE DES VOSGES 6 9 ▮ G/H4

Mit dem Entwurf zu diesem Platz wurde erstmals eine der großen Anlagen verwirklicht, die man zuerst auch nur mit »La Place« bezeichnete. In den 1630er-Jahren erkor der Hochadel den Platz zu seiner bevorzugten Wohngegend. Der geometrische Grundriss, die einheitliche Bebauung mit uniformen Fassaden und die Königsfigur Ludwigs XIII. im Zentrum stellen die drei Grundelemente dar, die die Place des Vosges zum Prototypen für alle Königsplätze machen sollten.

Von der sprichwörtlichen Pariser Hektik ist hier wenig zu spüren: im Sommer bleibt keine Parkbank unter den Bäumen frei, manche picknicken auf dem Rasen, und unter den Arkaden locken Antiquitätenläden und kleine Restaurants wie das La Place Royale (Nr. 2 *bis*).

In der Südostecke des Platzes wohnte Victor Hugo; sein Haus ist als Musée de Victor Hugo zu besichtigen (6, place des Vosges, tgl. außer Mo 10–18 Uhr, Eintritt frei, außer für Wechselausstellungen, www.musee-hugo.paris.fr).

PLACE DE LA BASTILLE 7 ▮ H4

Im Osten wird das Marais durch die Place de la Bastille begrenzt. Hier stand die alte Festung mit dem gefürchteten Gefängnis, in dem jeder, gleich welchen Ansehens und Standes, im 18. Jh. auf Befehl des Königs ohne Gerichtsverhandlung landen konnte. Gleich nach der Erstürmung der Bastille am 14. Juli 1789, dem Auftakt zur Französischen Revolution, wurde die Zwingburg zerstört. Die Säule in der Mitte erinnert an die Julirevolution von 1830, die die reaktionäre Regierung von Karl X. stürzte.

Eine Platzseite wird vom gewaltigen Bau der 1989 zur 200-Jahr-Feier der Französischen Revolution eröffneten Opéra national de Paris bestimmt › S. 46. Das riesige, vom kanadischen Architekten Carlos Ott entworfene Gebäude mit seiner halbrunden Fassade und dem schräg davorgestellten Tor über der Freitreppe hat das ganze Stadtviertel ringsum verändert. Die Mieten und Immobilienpreise stiegen, und aus dem Viertel der kleinen Leute ist eines der teuren Pariser Quartiers mit schicken Bars, Klubs und Restaurants geworden. Die Place de la Bastille und die Rue de la Roquette sind hierfür die besten Beispiele.

RUE DU FAUBOURG-ST-ANTOINE 8 ▮ H4–J5

Das Quartier du Faubourg-St-Antoine war einst ein Pariser Vorort *(faubourg),* in dem fast ausschließlich Handwerker arbeiteten. Die exklusiven Möbel der französischen Könige gingen nahezu alle durch die Hände der Schreiner, Vergolder oder Polsterer in den Werkstätten des Faubourg-St-Antoine.

Nur wenige Handwerker haben den Wandel, den das Viertel seit dem Bau der Oper erfahren hat, überstanden. Aus ihren Werkstätten

Die Grünfläche auf der Place des Vosges ist ein beliebter Treffpunkt

wurden Boutiquen, Szenebars oder Bistros. Die **Passage du Cheval Blanc** ist zu einer der Vorzeigegassen geworden – mittlerweile sind u. a. ein Radiosender und Architekturbüros eingezogen. Einen Blick zurück in vergangene Zeiten bieten aber die Hinterhöfe Cour de l'Étoile d'Or, Cour de l'Ours und Cour de la Maison Brulée: Noch heute werden hier Möbel hergestellt und verkauft.

Hinter der Avenue Ledru Rollin erscheint rechts ein kleiner Park, der **Square Trousseau** ❾ ▌ **H4/5** mit einem gusseisernen Musikpavillon in der Mitte.

ZWISCHENSTOPP: RESTAURANT

An der südwestlichen Platzecke offeriert das urig-typische Bistro **Le Square Trousseau** ❹ €€ ▌ **H4** auf der sehr traditionellen Speisekarte Klassiker der französischen Hausmannskost.

• 1, rue Antoine Vollon
Tel. 01 43 43 06 00
www.squaretrousseau.com
tgl. 8–2 Uhr

MARCHÉ D'ALIGRE ❿ ⭐ ▌ H5

An der Place d'Aligre zeigt sich Paris ganz von seiner multikulturellen Seite: In der alten Markthalle mit ihrer hölzernen Dachkonstruktion und dem Brunnen im Zentrum finden sich die Käse- und Fleischgeschäfte, draußen im Freien herrscht eine bunte Mischung aus Obst- und Gemüseständen, Kleider- und Blumenhändlern. Lautstark preisen die Verkäufer ihre Waren in arabischer und französischer Sprache an ⟩ S. 40.

VIADUC DES ARTS ⓫ ▌ H5

Der Viaduc des Arts ist eine aus Ziegelsteinen gemauerte Reihe breiter

Bögen, die einst die Gleisanlagen trugen, die entlang der Avenue Daumesnil zum heute verschwundenen Bastille-Bahnhof führten.

Unter den Arkaden haben sich jetzt teure Einrichtungsgeschäfte und Werkstätten angesiedelt. Oben verläuft eine begrünte Promenade, zu der man über Treppen an mehreren Punkten auf- und absteigen kann. Jogger und Fußgänger fühlen sich hier beinahe wie auf einem Waldweg inmitten der Großstadt.

GARE DE LYON 12 ▮ H5

Einer der großen Kopfbahnhöfe in Paris ist die zur Weltausstellung von 1900 eröffnete Gare de Lyon. Den Vorplatz überragt ein hoher Uhrenturm, der an Big Ben in London erinnert. In der großen Halle fällt sofort die breite Freitreppe auf, die zu einem Restaurant in der ersten Etage hinaufführt. Hier oben verbirgt sich hinter einer alten Drehtür das einstige Bahnhofsbuffet.

ZWISCHENSTOPP: RESTAURANT

In dem schon lange unter Denkmalschutz stehenden Restaurant **Le Train Bleu** ❻ €€–€€€ ▮ H5 funkeln Messing und Blattgold an Wänden und Decke. Fresken aus der Belle Époque schüren das Fernweh der Reisenden. Zu sehen sind Meeresstrände, Bergstädte oder Alpengipfel. Sie porträtieren die Stationen an der Bahnstrecke Paris–Lyon–Mittelmeer (PLM). Heute wie damals kann man hier speisen ▶ S. 34 oder in der Bar auch nur ein letztes Glas vor der Abfahrt gen Süden trinken.
• Tel. 01 43 43 09 06
　www.le-train-bleu.com

TOUR 13

ENTLANG DEN KANÄLEN

VERLAUF: Parc de la Villette › Cité des Sciences et de l'Industrie › Canal de l'Ourcq › Bassin de la Villette › Canal St-Martin › Quai de Valmy › Rue Oberkampf

KARTE: Seite 136
DAUER: 3–4 Std. reine Gehzeit
PRAKTISCHE HINWEISE:
• Von der Ⓜ Porte de Pantin aus sollte diese Tour unbedingt bei schönem Wetter unternommen werden, da sie an den Kanälen entlangführt.
• Alternativ gäbe es auch eine 2,5-stündige Bootsfahrt vom Parc de la Villette aus zum Musée d'Orsay (17.3.–11.11., Abfahrt um 10 und 14.30 Uhr an der Brücke über den Canal de l'Ourcq, www.paris canal.com).

TOUR-START:
PARC DE LA VILLETTE 13 ▮ J1

Der Park entstand in den 1980er-Jahren nach Plänen des Architekten Bernard Tschumi auf dem Gelände der früheren zentralen Schlachthöfe. Alteingesessene Restaurants wie das **Au Bœuf Couronné** (»Zum gekrönten Rind«) mit seinem Art-Déco-Ambiente sind daher noch immer auf Fleischgerichte spezialisiert (188, ave. Jean Jaurès, Tel. 01 42 39 44 44, tgl. 12–15 und

19–24 Uhr, €€). In der **Grande Halle,** der alten Schlachthalle, finden heute Ausstellungen und Konzerte statt.

Zwei weitere Gebäudekomplexe fallen auf: Auf beiden Seiten des Löwenbrunnens hat der französische Architekt Christian de Portzamparc 1995 die **Cité de la Musique** mit Musikmuseum und das **Conservatoire nationale de Musique et de Danse** errichtet (221, ave. Jean-Jaurès, tgl. außer Mo 12–18, So ab 10 Uhr, www.cite-musique.fr).

Daneben erhebt sich Jean Nouvels 2015 eröffnete **Philharmonie** mit 2400 Plätzen, spektakulärer Architektur und beeindruckender Akustik, der Musikfreunde in Scharen anzieht (www.philharmoniede paris.fr). › mehr S. 17 Punkt **31**

CITÉ DES SCIENCES ET DE L'INDUSTRIE **14** ▮ J1

Im dem didaktisch hervorragend präsentierten Technikmuseum wird die Welt der Technik und der Naturwissenschaften auf spannende Weise erklärt – mitmachen und ausprobieren ausdrücklich erwünscht

(Di–Sa 10–18, So 10–19 Uhr, 12 €, ermäßigt 9 €, www.cite-sciences.fr).

Die überdimensionale, silbern glänzende Kugel vor dem Technikmuseum überwölbt das 360-Grad-Kino **La Géode,** das spannende Naturfilme zeigt oder mit 3-D-Animationen die meist jungen Besucher etwa in die Welt der Dinosaurier entführt (Di–So ab 10.30 Uhr, 12 €, ermäßigt 9 €, www.lageode.fr).

DIE KANÄLE

Der **Canal de l'Ourcq** **15** ▮ H/J1 war seit Beginn des 19. Jhs. eine wichtige Wasserstraße für den Lastentransport. Heute müssen nur noch Ausflugschiffe und Hobbykapitäne die Schleusen und beweglichen Brücken überwinden. Mit etwas Glück sieht man die hydraulische Hebebrücke an der Rue de la Crimée in Betrieb, wenn Schiffe auf Durchfahrt warten.

Rudervereine und Kinokomplexe mit Restaurants, Cafés und Bars bestimmen das Bild am **Bassin de la Villette** **16** ▮ H1.

Am Südende beeindruckt die große Rotunde, die 1788, kurz vor

💬 **LE 104** ▮ H1

Vom Kanal aus führt zu einer der ausgefallensten Kulturadressen von Paris, dem »**Centquatre**« – ehemals das städtische Bestattungsinstitut. Der imposante Häuserblock (knapp 40 000 m²) aus dem 19. Jh. mit der Hausnummer 104 (daher sein aktueller Name) wurde mit Konzert- und Theatersälen, Ateliers, einem puristisch gestalteten Restaurant und Geschäften ausgestattet. Ein breites Publikum kann hier auf Tuchfühlung mit schaffenden Künstlern gehen oder einfach nur vorbeischauen.

• 104, rue d'Aubervilliers bzw. 5, rue Curial | Ⓜ Crimée
  Di–Fr 12–19, Sa/So 11–19 Uhr | www.104.fr

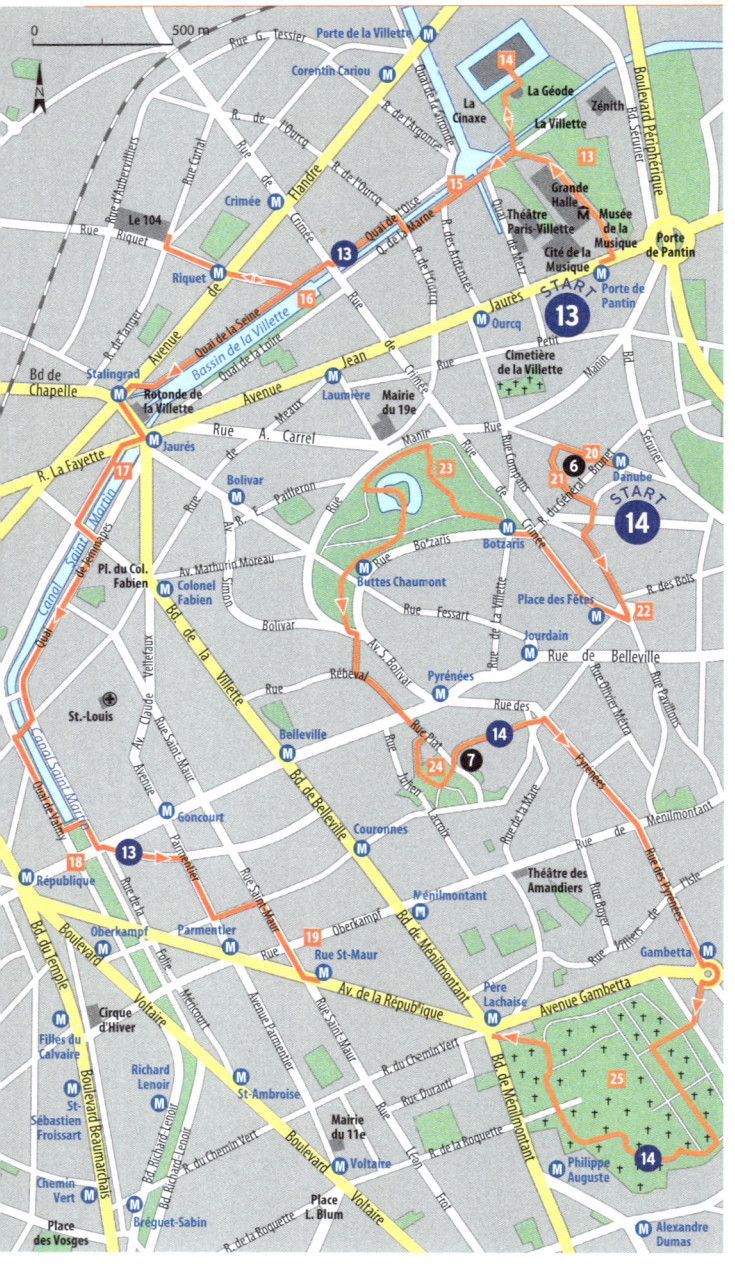

der Französischen Revolution, als Zollstation errichtet wurde.

Jenseits der Place de la Bataille de Stalingrad zieht sich die Wasserstraße als **Canal St-Martin** 17 📖 G/H2 weiter, überspannt von malerischen Brücken. › mehr S. 17 Punkt 32

Seine letzten Kilometer bis zur Seine legt der Wasserweg seit 1860 unterirdisch zurück. Darüber entstanden Plätze und Gärten. Einige wenige Lichtschächte geben den Blick auf den unter die Erde verbannten Kanal frei.

NIGHTLIFE
BarOurcq 📖 H1
Vor allem am späten Abend das beliebteste Szenelokal des Viertels.
• 68, Quai de la Loire | Tel. 01 42 40 12 26 http://barourcq.free.fr
Di–Do 15–24, Fr, Sa 15–2, So 15–22 Uhr; im Winter nur Do–So

QUAI DE VALMY 18 📖 H2–G3
Die Cafés am Quai de Valmy und dem gegenüberliegenden Quai de Jemmapes bieten den besten Ausblick auf die immer belebten Uferwege des Kanals. Der Square des Récollets ist Treffpunkt für Schaulustige, die im Schatten der Bäume die Schleuse bestaunen.

Auch das szenige Kulturzentrum **Point Éphémère,** in dem Ausstellungen und Konzerte veranstaltet werden, hat sich am Quai de Valmy eingerichtet. Eine sehr beliebte Bar direkt am ruhigen Kanal gehört ebenfalls dazu.

An Sonntagen ist der Autoverkehr von den Quais verbannt, dann gehören sie den Fußgängern, Radfahrern und Rollschuhläufern. Man trifft sich im **Hôtel du Nord** (tgl. 9–1.30 Uhr), Kulisse des gleichnamigen Films von 1938, oder in der Bar **Chez Prune** (tgl. 10–1 Uhr; beide › S. 81).

RUE OBERKAMPF 19 📖 H3
Die lebhafte Straße verdankt ihren Namen dem französischen Textilfabrikanten deutscher Herkunft Christophe-Philippe Oberkampf (1738–1815). Am späten Abend füllen sich hier die Cafés, Bars, Imbisse und Szenekneipen. Alteingesessene Geschäfte haben für immer geschlossen und ihre Räume meist-

---

TOUREN IM OSTEN

TOUR 13
ENTLANG DEN KANÄLEN
13 Parc de la Villette
14 Cité des Sciences et de l'Industrie
15 Canal de l'Ourcq
16 Bassin de la Villette
17 Canal St-Martin
18 Quai de Valmy
19 Rue Oberkampf

TOUR 14
ZUM FRIEDHOF PÈRE LACHAISE
20 Place de Rhin et Danube
21 Villa Claude Monet
22 Place des Fêtes
23 Parc des Buttes Chaumont
24 Parc de Belleville
25 Cimetière du Père Lachaise

bietend an die Kneipenkultur verkauft oder verpachtet.

Die Karriere als Ausgehmeile verdankt die Rue Oberkampf sicherlich dem alten **Café Charbon** (Nr. 109) mit seinen abgegriffenen Holzvertäfelungen, den riesigen Spiegeln und schiefen Lampen. Der Underground-Charme des Charbon zieht viele alternative Nachtfalter an.

ZUM FRIEDHOF PÈRE LACHAISE

> **VERLAUF:** Place de Rhin et Danube › Quartier Amérique › Place des Fêtes › Parc des Buttes Chaumont › Parc de Belleville › Cimetière du Père Lachaise
> **KARTE:** Seite 136
> **DAUER:** 2–3 Std. reine Gehzeit
> **PRAKTISCHE HINWEISE:**
> • Unternehmen Sie die Tour am besten vormittags an einem Dienstag, Freitag oder Sonntag ab Ⓜ Danube: Auf der ansonsten wenig sehenswerten, da von Hochhäusern umstellten Place des Fêtes findet dann ein riesiger Wochenmarkt statt, auf den sich selten Touristen verirren.

TOUR-START: PLACE DE RHIN ET DANUBE 20 ▮ J2

Hier glaubt man kaum noch in Paris zu sein, denn in dieser Gegend gleicht nichts den breiten Boulevards mit ihren imposanten Fassaden des 19. Jhs.

ZWISCHENSTOPP: CAFÉ
Das **Café Parisien** ❻ ▮ J2 (Nr. 2) ist eine typische Adresse des Viertels. Im Bistro lädt eine kleine Mittagskarte ein zum bezahlbaren *déjeuner* fernab der hektischen Innenstadt.

VILLA CLAUDE MONET 21 ▮ J2

Villa nennen sich im Französischen kleine Gassen, von denen es hier im **Quartier Amérique** viele gibt. Die Häuser mit Garten sind auffallend niedrig. Der Abbau von Kalk, den man bis nach Amerika exportierte (daher der Name Quartier Amérique), hat den Untergrund ausgehöhlt und instabil werden lassen. Höhere Bebauung war daher lange nicht möglich. Die kleinen *pavillons,* wie die Häuser hier genannt werden, sind dennoch begehrte Pariser Immobilien – die malerische Atmosphäre mit üppig wuchernden Fliedersträuchern und Glyzinien hat eben ihren Preis.

PLACE DES FÊTES 22 ▮ J2

Auf der an sich wenig attraktiven Place des Fêtes lockt dienstags, freitags und sonntags ein riesiger Wochenmarkt (ca. 8–14 Uhr). Das Angebot ist hier so bunt wie das Publikum, das sich vom späten Vormittag an geduldig im Schlangestehen übt, um frischen Fisch, Grillhähnchen, Obst und Gemüse aus dem Pariser Umland, Biobrot, afrikanische oder portugiesische Spezialitäten oder einfach Schnittblumen nach Hause tragen zu können.

PARC DES BUTTES
CHAUMONT 23 ▮ H/J2

Über die Rue de Crimée erreicht man die recht große Grünanlage. »Chaumont« meint den »kahlen Berg«, denn hier wurde wie im nahen Quartier Amérique Kalk abgebaut, allerdings im Tagebau. Was übrig blieb, waren kahle Abhänge.

Der Städteplaner Kaiser Napoleons III., Georges-Eugène Baron Haussmann, verwandelte diese in eine künstliche Felsen- und Grottenlandschaft. Der Park als grüne Lunge für die Arbeiterbevölkerung im Pariser Osten war geboren. In der Mitte eines zentralen Sees ragt ein größtenteils künstlicher Felsen hervor. Hierauf steht ein kleiner Rundtempel, zu dem eine Brücke hinüberführt. Der Blick von hier auf Sacré-Cœur fällt unter die Rubrik Postkartenansicht.

PARC DE BELLEVILLE 24 ▮ J3

Ziemlich unerwartet öffnet sich von der Rue Piat zur Rechten das Blickfeld zu einem weiten Panorama über fast ganz Paris. Mit dieser Ansicht kann ansonsten nur noch der Montmartre-Hügel mithalten. Der Stadtteil Belleville liegt auf der zweithöchsten Erhebung der Stadt, an der die Pariser Touristenströme bisher größtenteils vorbeiziehen.

ZWISCHENSTOPP: BISTRO

Gegenüber lässt sich eines der alteingesessenen Bistros von Belleville entdecken: Im **Le Vieux Belleville** ❼ €€€ ▮ J3 wird herzhaftes Essen bei traditionellen, vom Akkordeon begleiteten

Chansons seit Generationen großgeschrieben > S. 49.
• Rue des Envierges
  www.le-vieux-belleville.com

CIMETIÈRE DU
PÈRE LACHAISE 25 🕯 11 ▮ J3–K4

Der erste Blick auf die Orientierungstafel am Eingang zum Friedhof Père Lachaise ist unerlässlich (Mitte März–Anfang Nov. Mo–Fr 8–18, sonst bis 17.30, Sa ab 8.30, So ab 9 Uhr, www.pere-lachaise.com, mit virtuellem Besuch).

Wo genau Marcel Proust, Edith Piaf, Oscar Wilde, Jim Morrison, Frédéric Chopin, Simone Signoret, Yves Montand, Molière, La Fontaine, Baron Haussmann oder die Urnen von Max Ernst und der Callas beerdigt sind, erfährt man hier anhand von Nummern. Diese verweisen auf die einzelnen *divisions,* in die der große Friedhof unterteilt ist.

Der nördliche, jüngere Friedhofsbereich wurde in einem streng symmetrischen Raster angelegt. Im Zentrum liegt das Columbarium mit seinen Wandnischen, die die Urnen der Verstorbenen hinter einer meist steinernen Abdeckplatte verbergen. Gruselig sind verrostete Türen, die offen stehen und ein verfallenes Grabmal anzeigen. Bei den Gräbern von Oscar Wilde und Jim Morrison liegen meist frische Blumen. Das Grab des Malers Géricault schmückt ein Bronzerelief nach seinem berühmtesten Bild, »Das Floß der Medusa«. Eine Trauernde in Marmor bewacht Chopins Grab, dabei liegt sein Herz wunschgemäß in der Kathedrale von Warschau.

AUSFLÜGE & EXTRA-TOUREN

»Les Nuages« (die Wolken) heißt das
weiße Segeldach in der riesigen Öffnung
der Grande Arche in La Défense

Bei Ausflügen in die Umgebung von Paris gibt es viel zu entdecken: von der barocken Pracht in Versailles über die amerikanischen Märchenwelten in Disneyland bis zum Garten von Giverny, aus dem Claude Monet seine Inspiration zog.

AUSFLÜGE

VERSAILLES 1 ⭐12

> Paris › Versailles

KARTE: Seite 144
DAUER: 1 Tag mit Besuch des Parks und der Trianon-Schlösser
PRAKTISCHE HINWEISE:
- Von der Innenstadt mit der RER C bis Versailles Rive Gauche (Endstation, ca. 40 Min.). Von dort etwa 10 Min. Fußweg bis zum Schloss.
- Schloss: tgl. außer Mo April–Okt. 9–18.30, sonst bis 17.30 Uhr.
- Trianon-Schlösser: April–Okt. tgl. 12–18.30, sonst bis 17.30 Uhr
- Eintritt ins Schloss 18 €, Trianon 12 €, Kombiticket 20 €
- »Grandes Eaux musicales«, mit klassischer Musik untermalte Wasserspiele, gibt es April–Okt. Sa, So jeweils 11–12 und 15.30–17 Uhr, Mai–Juni auch Di; 9,50 €
- www.chateauversailles.fr

Das Schloss des Sonnenkönigs ist der Inbegriff französischer Schlossbaukunst. Ludwig XIV. ließ die riesige Dreiflügelanlage ab 1668 um ein Jagdschlösschen seines Vaters herum errichten. Zu besichtigen sind die Großen Appartements, der glanzvolle Spiegelsaal und die Schlachtengalerie. Weitere Räume sind nur im Rahmen einer Führung zugänglich. Auch die kleineren Schlösser im Park sind für Besucher geöffnet. Das ebenfalls für Ludwig XIV. errichtete Grand Trianon, das später das Vorbild für Schloss Sanssouci in Potsdam werden sollte, ist zu Fuß bequem in ca. 20 Min. vom Hauptschloss aus zu erreichen. Daneben liegt das intimere, Mitte des 18. Jhs. für Madame de Pompadour erbaute Petit Trianon.

Bei trockenem Wetter lohnt sich allein schon der ausgiebige Besuch des Schlossparks (gratis), der mit seinen Skulpturen, Fontänen und barocken Durchblicken von André Le Nôtre entworfen wurde.

BASILIQUE DE ST-DENIS 2 ⭐

> Paris › St-Denis-Basilique

KARTE: Seite 144
DAUER: 2–3 Std.
PRAKTISCHE HINWEISE:
- Von der Innenstadt mit der Metro 13 Richtung St-Denis-Université bis Ⓜ St-Denis-Basilique (ca. 20 Min.).

- April–Sept. Mo–Sa 10–18.15 Uhr, So ab 12 Uhr, im Winter bis 17.15 Uhr; Eintritt 9 €, ermäßigt 7 €.
- www.saint-denis-basilique.fr

PRAKTISCHE HINWEISE:
- Von der Innenstadt aus mit der RER A bis zur Endstation Poissy fahren (35 Min.). Dann die Buslinie 50 bis »Villa Savoye« nehmen oder ca. 15 Min. zu Fuß gehen.
- Mai–Aug. Di–So 10–18, sonst 10 bis 17 Uhr
- Eintritt 8 €, ermäßigt 6,50 €
- 2, rue de Villiers | 78300 Poissy
- www.villa-savoye.fr

Im sonst wenig sehenswerten Pariser Vorort St-Denis steht ein Juwel der gotischen Baukunst: Die Königsbasilika von Frankreich war während zwölf Jahrhunderten die Grablege der französischen Könige und Königinnen. Zwar wurden die Grabmäler während der Revolution zerstört und entfernt, doch kehrten viele zu Beginn des 19. Jhs. wieder nach St-Denis zurück. Der um 1144 errichtete Chor der Basilika gilt als der Gründungsbau der gotischen Architektur. Erstmals war es hier gelungen, die Außenmauern so weit für den Einbau von 37 großen bemalten Glasfenstern zu öffnen, dass das als göttlich empfundene Licht in den Kirchenbau eindringen konnte.

In der Krypta sind Überreste eines gallorömischen Friedhofs freigelegt worden, auf dem Mitte des 3. Jhs. der erste Pariser Bischof, der hl. Dionysius (St-Denis), beigesetzt wurde, nachdem er als Märtyrer am Montmartre geköpft worden war.

VILLA SAVOYE VON LE CORBUSIER 3

Paris > Poissy

KARTE: Seite 144
DAUER: ca. 3 Std.

Diese in den Jahren 1928–1932 von einem der Väter der modernen Architektur, dem Schweizer Architekten Le Corbusier (1887–1965), entworfene Villa steht mitten auf der grünen Wiese.

Das strahlend weiße Wochenendhaus für Pierre und Eugénie Savoye errichtete Le Corbusier auf filigran wirkenden Betonstelzen. Darunter sollte Luft zirkulieren und Parkraum für Automobile sein. Über Teile des Dachs erstreckt sich eine »Solarium« genannte Sonnenterrasse. Viel Licht dringt durch breite Fensterbänder ins Innere.

Jede Fläche und jeder Raum in diesem Gebäude wurde nutzbar gemacht. Le Corbusiers Idee der funktionellen »Wohnmaschine« kommt in der Villa Savoye deutlich zum Ausdruck.

Heute gehört dieses realisierte Manifest modernen Bauens dem französischen Staat, der es vorbildlich pflegt. So wirkt das Haus weiterhin, als sei es bewohnt, und man kann sich entspannte Wochenenden hier gut vorstellen.

Die Villa Savoye von Le Corbusier, eine Ikone der Architektur der Moderne

LA DÉFENSE 4

Paris › La Défense

KARTE: Seite 144
DAUER: 2 Std.
PRAKTISCHE HINWEISE:
• Mit der Metrolinie 1 bis zur End-
  station Ⓜ La Défense. Oder be-
  reits an der Esplanade de la Dé-
  fense aussteigen und dann auf die
  Grande Arche zugehen. Auf dem
  Weg sind viele Bauten und Kunst-
  werke von Miró, César oder Calder
  zu bestaunen. Am lebendigsten ist
  La Defense Mo–Fr tagsüber.

Das Bürohochhausviertel La Défense mit nur ca. 30 000 Einwohnern, aber etwa 150 000 Pendlern
grenzt im Westen an Paris. Seine
Skyline liegt genau in einer Blickachse mit dem Arc de Triomphe,
den Champs-Elysées und dem
Louvre. Seit 1955 wird in La Défense
ununterbrochen gebaut: Nicht nur
Büroflächen, auch Geschäfte und
Lokale entstehen.

Zum Wahrzeichen des Viertels
ist **La Grande Arche** geworden, das
– bisher – spektakulärste der Hoch-
häuser dort. Es ist ein mit weißem
Carrara-Marmor verkleideter riesiger Würfel, dem zwei seiner sechs
Seiten fehlen und der sich daher als
gigantischer Bogen darstellt, in dem
die Kathedrale Notre-Dame theore-
tisch stehend Platz finden würde.
Der große Bogen wurde als westliche Begrenzung der alten, vom
Louvre ausgehenden Pariser Königsachse entworfen und 1984 noch
vom damaligen Staatspräsidenten
François Mitterrand in Auftrag gegeben. › mehr S. 16 Punkt 25

Vor der Grande Arche bläht sich
das weit ausladende Betondach des
C.N.I.T-Kongressgebäudes wie ein

Segel auf. Nur an drei Stellen liegt die gewaltige Konstruktion auf dem Boden auf. Die riesige, stützenlose Halle, die sich darunter ausdehnt, lohnt ebenfalls einen Besuch.

CHÂTEAU DE MONTE-CRISTO **5**

Paris > Le Port-Marly

KARTE: Seite 144
DAUER: 4–5 Std.
PRAKTISCHE HINWEISE:
- Mit der RER-Linie A bis zur Endstation Saint-Germain-en-Laye fahren (35 Min.), dann weiter mit der Buslinie 10 Richtung Marly-le-Roi bis zur Haltestelle Les Lampes. Ein Stück die Ave. Kennedy hinuntergehen, in die erste Straße, Chemin des Montferrands, nach rechts

abbiegen, dann ist das Château ausgeschildert.
- April–Okt. Di–Fr 10–12.30 und 14–18 Uhr, Sa, So 10–18 Uhr, Nov.–März nur So 14–17 Uhr.
- Eintritt 7 €, ermäßigt 5 €, Park 3 €.
- 78560 Le Port-Marly, Tel. 01 39 16 49 49
- www.chateau-monte-cristo.com

Wer kennt nicht die Geschichten von den »Drei Musketieren« und dem »Graf von Monte Cristo«?

Vor den Toren von Paris hat sich ihr Autor Alexandre Dumas (1802 bis 1870) auf dem Höhepunkt seines Ruhms ein Refugium geschaffen, das zum mondänen Treffpunkt der bürgerlichen Gesellschaft der ersten Hälfte des 19. Jhs. wurde. Glanzvolle Feste fanden hier ihren entsprechenden Rahmen. Dumas hatte sich einen Renaissancepalast

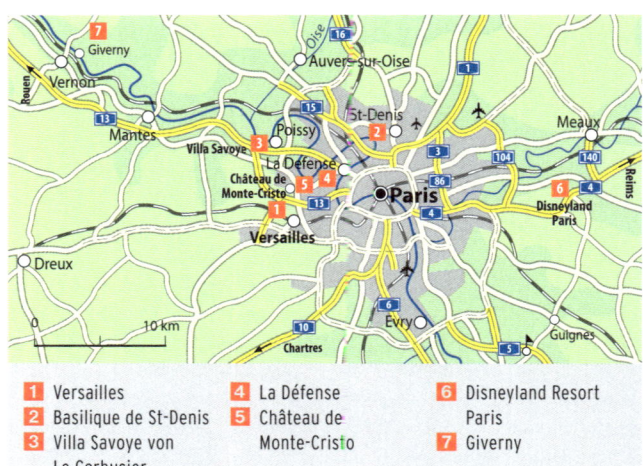

1 Versailles
2 Basilique de St-Denis
3 Villa Savoye von Le Corbusier
4 La Défense
5 Château de Monte-Cristo
6 Disneyland Resort Paris
7 Giverny

erbauen lassen, in dem er einen einzigartigen maurischen Salon von tunesischen Kunsthandwerkern einrichten ließ. Im englisch gestalteten Landschaftspark steht noch heute sein »Chateau d'If«, ein neogotisches Schlösschen, in das er sich oft zum Schreiben zurückzog.

1851 aber musste Dumas seine Architekturfantasie verlassen, zu erdrückend war seine Schuldenlast. Er ging ins Exil nach Belgien. Sein Schloss wechselte in der Folgezeit oft die Besitzer und war 1970 sogar vom Abriss bedroht. Doch mittlerweile ist das Schloss von Monte Cristo mustergültig renoviert, und Ausstellungen widmen sich dem großen Autor.

DISNEYLAND PARIS 6

Paris › Disneyland Paris

KARTE: Seite 144
DAUER: mind. 1 ganzer Tag
PRAKTISCHE HINWEISE:
- Von der Innenstadt aus mit der RER A (Stationen z. B. Charles de Gaulle-Étoile, Châtelet - Les Halles oder Gare de Lyon) bis zur Endstation Chessy Marne-la-Vallée (45 Min.).
- Disneyland-Themenpark und Walt-Disney-Studios-Park ab 10 Uhr, Schließung je nach Jahreszeit zwischen 18 und 23 Uhr. Eintrittspreise vom Datum abhängig, um 70 € (beide Parks).
- Infos und Buchung im Internet: www.disneylandparis.com

Seit 1992 zieht der Disneyland Park (ca. 40 km östlich von Paris) Millionen von Besuchern an.

Fliegende Elefanten sind zu sehen, der Hutmacher aus »Alice im Wunderland«, und zwischendurch taucht irgendwo plötzlich Mickey Mouse auf – willkommen im Fantasy-Land! Wer's wilder mag, besucht das Adventure-Land: Viel Liebe zum Detail lässt selbst geübte Geisterbahnfahrer wohlig erschauern. Discovery-Land ist nicht nur für künftige Erfinder und andere Genies ein Muss, und im Frontier-Land wird die Geschichte des Wilden Westens lebendig.

Filmkulissen, Requisiten und prachtvolle Kostüme – im Walt-Disney-Studios-Park wird auf abenteuerliche Weise die Entstehung eines Films erklärt. Ein Aha-Erlebnis jagt das nächste, so erfährt man etwa, was hinter den verblüffenden Special Effects steckt.

Für Groß und Klein ist die Studio-Tram-Tour eine spannende Reise in die Welt des Kinos. Nerven- und Bauchkitzel gibt es gratis beim freien Fall im Aufzug des Hollywood Tower Hotels.

GIVERNY 7 ⭐

Paris › Giverny

DAUER: 1 Tag
PRAKTISCHE HINWEISE:
- Von der Pariser Gare St-Lazare unbedingt den frühen Zug gegen 8 Uhr nehmen, der in Richtung

Rouen bis zum Bahnhof Vernon
fährt (45–60 Min.). Von dort gibt
es einen Bus-Shuttle nach Giverny
(7 km), man kann am Bahnhof
aber auch ein Fahrrad mieten.
- 24.3.–1.11. tgl. 9.30–18 Uhr
- Eintritt 9,50 €, ermäßigt 5,50 €
- Fondation Claude Monet
  84, rue Claude Monet
  27620 Giverny
  Tel. 02 32 51 28 21
- www.fondation-monet.com

Hier entstanden die berühmten
Seerosenbilder des Impressionisten
Claude Monet (1840–1926), der
von 1883 bis zu seinem Tod in dem
normannischen Landhaus in Giverny lebte. Die Motive boten sich ihm
tagtäglich in seinem japanischen
Garten, den er eigens für seine
Studien ab 1895 angelegt hatte.

Neben dem Haupthaus, das von
einem ausgedehnten Blumengarten
umgeben ist, liegt das große Atelier,
in dem Monet die »Nymphéas«
(Seerosen) auf riesige Leinwände
malte – sie wurden später in den
beiden ovalen Sälen der Pariser
Orangerie ▸ S. 79 angebracht. Im
Inneren des Anwesens meint der
Besucher, Monet hätte das Haus
gerade erst mit seiner Staffelei unter
dem Arm verlassen. Alles ist so
geblieben wie zu Lebzeiten des großen Meisters.

Monets Gartenhaus in Giverny

EXTRA-TOUREN

KURZES SHOPPINGWOCHENENDE IN PARIS

> **VERLAUF:** Champs-Élysées › Avenue Montaigne › Rue du Faubourg-St-Honoré › Place Vendôme › Louvre › Pont Neuf › Île de la Cité › Notre-Dame › Île St-Louis › Marais › Rue des Francs Bourgeois › Place des Vosges › Boulevard Richard-Lenoir › Bastille
> **DAUER:** Zwei halbe Tage mit je 3 Std. reiner Gehzeit.
> **VERKEHRSMITTEL:**
> **1. TAG: Ausgangspunkt** Ⓜ Charles de Gaulle Etoile, **Endpunkt** Ⓜ Louvre – Rivoli.
> **2. TAG: Ausgangspunkt** Ⓜ Pont Neuf, **Endpunkt** Ⓜ Bastille.
> Die Touren selbst werden zu Fuß zurückgelegt.

1. TAG: Beginnen Sie am Samstagnachmittag mit einem Schaufensterbummel. Am Wegesrand liegen auch einige der schönsten Plätze von Paris.

Den Arc de Triomphe im Rücken, blickt man auf die **Avenue des Champs-Élysées** › S. 99, die von hier bis über die **Place de la Concorde** › S. 99 hinausreicht – so präsentiert sich der obere Teil der Pariser Königsachse am eindrucksvollsten. Auf der breiten Flaniermeile verbirgt sich hinter der Nr. 101 ein Konsumtempel der Luxusklasse, das Stammhaus von **Louis Vuitton** (10–20, So 11–19 Uhr). Am Rond-Point der Champs-Élysées zweigt die **Avenue Montaigne** › S. 103 zur Seine hin ab. Ein Abstecher dorthin zu den diskreten Boutiquen großer Modehäuser wie Chanel (Nr. 42) oder Christian Dior (Nr. 30) lohnt sich. Mittags lässt sich eine (kostspielige) Pause einlegen im Restaurant La Terrasse Montaigne des Hotels **Plaza Athénée** (Nr. 25) › S. 103. Wenn Geld übrig bleibt, dann vielleicht noch kurz bei Prada vorbeischauen (Ave. Montaigne 10)? Wieder auf den Champs, stößt man bald auf die Abzweigung Avenue de Marigny, die an der Parkseite des **Palais de l'Élysée** entlang zur Rue du Faubourg-St-Honoré führt. Neben Botschaftsgebäuden locken die Auslagen von Yves Saint-Laurent (Nr. 38), Givenchy (Nr. 28) oder Lanvin (Nr. 22). Blickfang ist aber das stattliche Eckhaus von Hermès (Nr. 24). Auf der Rue Saint-Honoré gelangt man bald zur noblen **Place Vendôme** › S. 86 mit ihren Juwelieren und dem Hotel Ritz. Dem brausenden Verkehr auf der nahen Rue de Rivoli entkommt, wer in den Cour Carrée des **Louvre** › S. 75 abbiegt. Das Restaurant Le Fumoir an der Metrostation Louvre-Rivoli ist der ideale Ort für ein *dîner* (€€, 11–2 Uhr, Tel. 01 42 92 00 24, http://lefumoir.com).

2. TAG: Am Sonntagmorgen herrscht Ruhe rings um die Metrostation Pont Neuf. Der **Pont Neuf** › S. 75 führt hinüber auf die **Île de la Cité** › S. 70, die Keimzelle des alten Paris. Über den einstigen Königsplatz **Place Dauphine** › S. 74 und den Quai des Orfèvres erreicht man **Notre-Dame** › S. 70, vor der sich jetzt noch keine Touristen drängeln. Von dem kleinen Park hinter dem Chor der Kathedrale aus schaut man auf die **Île St-Louis** › S. 116. Ein Fußgängerbrückchen führt hinüber zur Insel, über den Pont Louis-Philippe gelangt man wieder auf das andere Seine-Ufer. Geradeaus markiert bald die Rue Vieille-du-Temple den Beginn des **Marais-Viertels** › S. 128. In der nahen Rue des Francs-Bourgeois haben die meisten Geschäfte auch sonntags geöffnet. Unter den Arkaden der aristokratischen **Place des Vosges** › S. 132 ist Zeit für einen *café au lait*. Durch die Rue du Pas-de-la-Mule und die Rue du Pasteur-Wagner gelangt man zum Boulevard Richard-Lenoir mit seinem großen Sonntagsmarkt (bis 15 Uhr nördlich der Metrostation Bréguet Sabin). Im Café de l'Industrie (17, rue Saint-Sabin) H4 lässt sich mit Bistrokost entspannen vom Marktbesuch. Rundum zufrieden schlendert man schließlich zur **Place de la Bastille** › S. 132.

PARIS MIT DEM LINIENSCHIFF ERKUNDEN

VERLAUF: Trocadéro › Tour Eiffel › Boulevard St-Germain › Quartier Latin › Hôtel de Ville › Centre Pompidou › Île de la Cité › Notre-Dame › Louvre › Tuileries › Place Vendôme › Madeleine › Place de la Concorde › Quai Branly › Palais de Tokyo
DAUER: Reine Gehzeit ca. 10 Std., verteilt auf zwei ganze Tage. Wer die Museen an der Strecke besichtigen will, sollte nicht Mo und Di auf Tour gehen.
VERKEHRSMITTEL:
1. TAG: **Ausgangspunkt** Ⓜ Trocadéro, **Endpunkt** Ⓜ Rambuteau.
2. TAG: **Ausgangspunkt** Ⓜ Châtelet, **Endpunkt** Ⓜ Iéna.
Die Tour wird mit dem Batobus › S. 26 und zu Fuß zurückgelegt; mit einem Zwei-Tages-Ticket kann man jederzeit aus- und wieder zusteigen.

Die Seine ist die Hauptschlagader von Paris – sicher einer der Gründe, weshalb ihre Ufer von der UNESCO als Weltkulturerbe eingestuft wurden. Somit eignet sie sich vorzüglich als roter Faden für eine Stadterkundung.

Batobus auf der Seine vor der Île de la Cité

1. TAG: Von der Treppenanlage und Panoramaterrasse des **Palais de Chaillot** › S. 104 (Ⓜ Trocadéro) hat man den schönsten Blick auf den **Eiffelturm** › S. 105. Über den Pont d'Iéna gelangen Sie hinüber zum Pariser Wahrzeichen. Mit einer vorher getätigten Internetreservierung auf www.toureiffel. paris/de umgeht man die langen Schlangen am Ticketschalter für den Aufzug (geöffnet ab 9.30, 15.6.–1.9. ab 9 Uhr). Von der 276 m hohen obersten Plattform des Eiffelturms ist der Lauf der Seine gut zu erkennen.

Am Quai Branly, der Uferstraße am Fuß des Eiffelturms, besteigt man dann den Batobus und fährt eine Station bis zum **Musée d'Orsay** › S. 116. Von dort führt der Weg durch die Rue de Solférino weiter zum **Boulevard St-Germain** › S. 118. An der Place St-Germain-des-Prés pulsiert das Leben. Die Wahl des Caféhauses für eine Pause fällt schwer: ins Café de Flore › S. 38 oder doch ins Les Deux Magots › S. 38? Vorbei an der Kirche **St-Germain-des-Prés** › S. 119 führt der Weg zur Rue de Seine, in der sich eine Kunstgalerie an die nächste reiht. Am ehrwürdigen **Institut de France** › S. 75 ist wieder das Seine-Ufer erreicht. Die Wartezeit bis zum nächsten Batobus vergeht auf der malerischen Fußgängerbrücke **Pont des Arts** › S. 75 schnell. An der nächsten Station, Notre-Dame, verlässt man das Schiff, um das **Quartier Latin** › S. 111 zu entdecken. Am Ende der Rue des Carmes, die einen kleinen Hügel hinaufführt, erkennt man schon das **Panthéon** › S. 113. Rue Clovis und Rue Cardinale-Lemoine führen dann wieder hinunter zur Rue des Fossés-St-Bernard. Von der Dachterrasse des **Institut du Monde Arabe** › S. 115 hat man einen überwältigenden Blick über die Innenstadt. Am Quai St-Bernard legt wiederum der Batobus ab. Vom **Hôtel de Ville** › S. 70 sind es danach nur noch wenige Schritte bis zum **Centre Pompidou** › S. 128, in dem es jede Menge Kunst zu entdecken gibt.

2. TAG: Am nächsten Tag startet die Tour an der Metrostation Châtelet. Über den Pont au Change ist die Île de la Cité erreicht. Hier locken das Juwel der Gotik, die **Sainte-Chapelle** › S. 74, und die Kathedrale **Notre-Dame** › S. 70. Am nahen Hôtel de Ville geht's wieder auf den Batobus, der bald am Quai du Louvre anlegen wird. An der Place du Carrousel muss man sich entscheiden: entweder für einen Besuch des **Musée du Louvre** › S. 75, das man durch die gläserne Pyramide erreicht, oder für eine Fortsetzung des Spaziergangs in den **Jardin des Tuileries** › S. 79. Durch die Rue Castiglione kommt man dann zur noblen **Place Vendôme** › S. 86.

Juweliere säumen auch die Rue de la Paix, die direkt zur **Opéra Garnier** › S. 87 führt, der alten Pariser Oper. Über die Boulevards des Capucines und de la Madeleine geht es zu einem enormen Tempel, der Kirche **Madeleine** › S. 86. Am Ende der Rue Royale erkennt man schon den größten Pariser Platz, die **Place de la Concorde** › S. 99. Die Pariser Königsachse ist nicht schwer zu finden: die schnurgeraden **Champs-Élysées** › S. 99 weisen den Weg in Richtung **Arc de Triomphe** › S. 101. Am riesigen **Grand Palais** › S. 99 an der Place Clémenceau sollte man jedoch wieder zur Seine hin abbiegen. An der prunkvollen Brücke **Pont Alexandre III** › S. 108 besteigt man den Batobus und fährt eine Station bis zum Eiffelturm. Von dort aus erreicht man über den Quai Branly und eine Fußgängerbrücke über die Seine das **Palais de Tokyo** › S. 104 an der Metrostation Iéna. Freunde zeitgenössischer Kunst werden mit einem Besuch hier die Tour beenden.

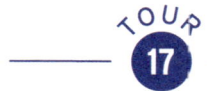

T O U R
17

STREIFZUG DURCH PARISER KÜNSTLER- UND SCHRIFTSTELLERHÄUSER

> **VERLAUF:** Place Blanche › Quartier La Nouvelle Athènes › Montparnasse
> › Rue d'Assas › Jardin de Luxembourg › St-Germain-des-Prés › Place Furstenberg
> **DAUER:** 1 Tag (nicht am Mo und Di!) mit 2 Std. reiner Gehzeit.
> **VERKEHRSMITTEL:**
> **Ausgangspunkt** Ⓜ Blanche, **Endpunkt** Ⓜ St-Germain-des-Prés.
> Die Tour wird mit der Metro und im zweiten Teil vor allem zu Fuß zurückgelegt.

Um einmal die ausgetretenen Pfade in Paris zu verlassen, bietet sich ein Streifzug durch einige versteckte Künstler- und Schriftstellerhäuser an.

Südlich des **Montmartre** › S. 92 liegt das 9. Pariser Arrondissement. Von der **Place Blanche** zweigt die Rue Fontaine ab, die zur Rue Chaptal hinunterführt. In der ersten Hälfte des 19. Jhs. gab es hier weiter nichts als Gemüsegärten. Dann entstand das Stadtviertel La Nouvelle Athènes, in das bald Künstler und Schriftsteller zogen, darunter der Maler der Romantik Ary Scheffer (1795–1858), dessen Haus in der Rue Chaptal Nr. 16 heute das **Musée de la vie romantique** 🔳 E2 beherbergt (Di–So 10–18 Uhr, www.museevieromantique.paris.fr). George Sand und Chopin, Liszt und Rossini gingen hier ein und aus. Durch die großen Fenster zweier Ateliers fällt Tageslicht. Bilder an den Wänden erinnern an Ary Scheffer, Porträts, Schmuck und Möbel an George Sand. Zurück auf der Rue Fontaine, geht man bis zur Abzweigung Rue de La Rochefoucauld.

Fast am unteren Ende (Nr. 14) liegt das **Musée Gustave Moreau** 🔳 E2 (tgl. außer Di 10–12.45, 14–17.15, Fr–So 10–17.15 Uhr, 6 €, ermäßigt 4 €, www.musee-moreau.fr). Der symbolistische Maler Moreau (1826–1898) lebte hier inmitten seiner Werke. Bürgerliches Leben des 19. Jhs. spiegelt sich im großen Salon, im Empfangs- und Esszimmer. Die kunstvolle Wendeltreppe im ehemaligen Atelier ist allein schon einen Besuch wert.

Die Rue de La Rochefoucauld stößt auf die Rue St-Lazare, an deren Ende die Metrostation Trinité liegt. Mit der Linie 12 gelangt man zur Station Notre-Dame-des-Champs. Hier, am Rand des Viertels **Montparnasse** › S. 122, ist in der Rue d'Assas Nr. 100 *bis* das kleine **Musée Zadkine** 🔳 E5 untergebracht (Di–So 10–18 Uhr, Eintritt frei, außer für Wechselausstellungen, www.zadkine.paris.fr). 1908 war der russische Bildhauer Ossip Zadkine (1890–1967) nach Paris emigriert, wo er kubistische Skulpturen schuf. Sie stehen noch in dem winzigen begrünten Innenhof, der an das intime Künstleratelier anschließt.

Dem Museum schräg gegenüber zweigt die Rue Michelet ab; sie führt direkt auf eine breite Allee, die dem **Jardin du Luxembourg** › S. 122 zustrebt. An dessen nordwestlicher Ecke beginnt die elegante Rue Bonaparte. Hinter der Kirche **St-Germain-des-Prés** › S. 119 führt die Rue de l'Abbaye zur **Place Furstenberg** › S. 120, wo sich das **Musée national Eugène Delacroix** › S. 120 befindet. Der romantische Maler, der aus einem Pariser Vorort stammte, lebte und arbeitete in seinen letzten Jahren hier in seinem Atelier, das auf einen großen Garten hinausgeht.

💬 AUS ERSTER HAND

Ein ganz anderes Paris-Erlebnis wird möglich, wenn man sich im Internet bei *Parisien d'un jour, Parisien toujours* einschreibt. »Einen Tag Pariser, immer Pariser« nennt sich eine Organisation von Einheimischen, die Gästen kostenlos ihre Stadt zeigen. Bis zu sechs Personen können sich hierzu verabreden (www.greeters.paris). Und wer mit Parisern zu Abend essen, auf Entdeckungsspaziergänge gehen möchte oder ein Gästezimmer sucht, wird fündig unter: www.meetingthefrench.com, Tel. 01 42 51 19 80.

INFOS VON A–Z

ÄRZTLICHE VERSORGUNG

Mit der Europäischen Krankenversichertenkarte (EHIC) kann man in Frankreich einen Arzt aufsuchen. Die Kosten sind vorzustrecken und werden in einem komplizierten Verfahren gegen Vorlage der Quittung (feuille de soins) teilweise erstattet.

Da die EHIC nur eine Grundversorgung abdeckt, ist es immer ratsam, eine zusätzliche private Auslandskrankenversicherung abzuschließen. In allen großen Krankenhäusern wird Englisch zumindest verstanden.

Apotheken (pharmacie) mit 24-Stunden-Dienst:

- **Pharmacie Européenne de la Place de Clichy**
  6, place de Clichy, Ⓜ Place Clichy
- **Pharmacie des Champs-Élysées**
  34, ave. des Champs-Élysées,
  Ⓜ George V.

💬 GUT ZU WISSEN

Parkplätze
- Die Parkplatzsuche in Paris ist meist langwierig, Parkhäuser sind teuer, und auch für Parkplätze an der Straße muss man am Parkautomaten zahlen.

Museen
- Der Eintritt in die 14 städtischen Museen (außer Sonderausstellungen) ist gratis, für staatliche Museen gilt dies nur am ersten Sonntag im Monat (im Louvre nur Okt.–April). Für Personen unter 26 Jahren (EU-Bürger, sonst unter 18) ist der Eintritt immer frei. Die Schließungstage der Pariser Museen verteilen sich auf Mo und Di.
- Der Museumspass (www.parismuseumpass.com) für 2, 4 oder 6 Tage zu 48, 62 oder 74 € bietet freien Eintritt in mehr als 60 Museen (außer Sonderausstellungen) und Denkmäler wie Versailles, die Villa Savoye oder die Basilique St-Denis. Er gilt allerdings nicht für den Eiffelturm.
- Seit den Terroranschlägen vom Herbst 2015 gelten in allen Pariser Museen strenge Sicherheitsvorkehrungen. Bringen Sie kein Gepäck wie Koffer oder große Taschen mit, sonst werden Sie nicht eingelassen.

Öffnungszeiten
- In der Regel haben Geschäfte Mo–Sa von 9 bis mindestens 19 Uhr geöffnet, einmal in der Woche bis 21 oder 22 Uhr. Einige kleine Läden schließen über Mittag. Lebensmittelgeschäfte sind auch So bis 13 Uhr geöffnet, dafür aber Mo geschlossen. Im August machen viele Geschäfte Betriebsferien.
- Postämter haben Mo–Fr 8–19 Uhr, Sa 8–12 Uhr geöffnet, das Hauptpostamt in der Rue du Louvre, das rund um die Uhr geöffnet ist, bleibt wegen Renovierung bis 2019 geschlossen. Das »Ersatz«-Postamt hat die Adresse 16, rue Etienne-Marcel. Briefmarken (timbres) können auch in Tabakläden gekauft werden (rotes »Tabac«-Schild).

Rauchverbot
- Das Rauchen in Restaurants, Bars und anderen öffentlichen Einrichtungen ist seit 2007 verboten.

BARRIEREFREIES REISEN

Auf der Website der Stadt Paris http://de.parisinfo.com sind viele Infos für Menschen mit eingeschränkten Bewegunsgmöglichkeiten zusammengestellt (im Bereich Praktische Infos/Paris besichtigen mit einer Behinderung). Dort lässt sich auch die Broschüre »Paris accessible« herunterladen (auf Französisch und Englisch).

DIPLOMATISCHE VERTRETUNGEN

- **Deutschland:** 124, rue Marbeau,
  Ⓜ Porte Maillot od. Porte Dauphine,
  Tel. 01 53 83 45 00,
  www.allemagneenfrance.diplo.de
- **Österreich:** 6, rue Fabert,
  Ⓜ Invalides, Tel. 01 40 63 30 63,
  www.amb-autriche.fr
- **Schweiz:** 142, rue de Grenelle,
  Ⓜ Varenne, Tel. 01 49 55 67 00,
  www.eda.admin.ch/paris

EINREISE

EU-Bürger mit Personalausweis oder Reisepass, Schweizer mit Reisepass oder Identitätskarte. KInder brauchen ein eigenes Reisedokument.

EINTRITTSKARTEN

Den größten Ticketvorverkauf für Konzerte und Ausstellungen gibt es in den Filialen der Ladenkette FNAC:

- **FNAC Forum des Halles**
  1–7, rue Pierre Lescot, Ⓜ Châtelet-Les Halles, Mo–Sa 10–20 Uhr,
- **FNAC Champs-Élysées**
  74, ave. des Champs-Élysées
  Ⓜ Franklin D. Roosevelt
  Mo–Sa 10–23.45, So 12–23.45 Uhr
- Am **Kiosque de la Madeleine** bekommt man Theaterkarten für den gleichen Tag zum halben Preis.
  15, place de la Madeleine,
  Ⓜ Madeleine,
  www.kiosqueculture.com,
  Di–Sa 12.30–19.30, So bis 15.45 Uhr

FEIERTAGE

1. Januar, Ostermontag, 1. Mai (Tag der Arbeit), 8. Mai (Tag des Sieges 1945), Christi Himmelfahrt, Pfingstmontag, 14. Juli (Nationalfeiertag), 15. August (Mariä Himmelfahrt), 1. November (Allerheiligen), 11. November (Waffenstillstand 1918), 25. Dezember (Weihnachten).

FUNDBÜRO

- **Bureau des objets trouvés**
  36, rue des Morillons, 75015 Paris
  Ⓜ Convention
  Tel. 08 21 00 25 25
  Mo–Do 8.30–17, Fr bis 16.30 Uhr

GELD

Das Bezahlen mit den üblichen Kreditkarten ist in Frankreich weit verbreitet. An allen Geldautomaten *(guichet automatique)* mit dem Maestro-Zeichen kann man mit der Bankkarte und Pin-Code Geld abheben. Banken haben Mo–Fr 9–13 und 14.30 bis 17 Uhr geöffnet, größere Filialen durchgehend.

INFORMATION

Die Büros des Pariser **Office de Tourisme** informieren, verkaufen Pässe für Museen und öffentliche Verkehrsmittel und vermitteln Hotels (deutschsprachige Website: http://de.parisinfo.com).

- **Pyramides**, 25, rue des Pyramides
  Ⓜ Pyramides, tgl. 9–19 Uhr, im Winter ab 10 Uhr
- **Gare du Nord**, 18, rue de Dunkerque,
  Ⓜ Gare du Nord, tgl. 8–18 Uhr

Die **Website des Pariser Rathauses,** www.paris.fr, konzentriert sich auf Kultur und städtische Projekte und bietet viele weiterführende Links.

Allgemeine Infos zu Frankreich wie auch zu Paris sowie Hotelbuchungen bieten die Büros der Französischen Zentrale für Tourismus ATOUT FRANCE (deutschsprachige Website: https://de.france.fr/de)

- **Deutschland:** Postfach 100128, 60001 Frankfurt/Main, info.de@france.fr
- **Österreich:** Tel. 01/5 03 28 92 (gebührenfrei) Mo–Fr 9–15 Uhr, http://at.france.fr, info.at@france.fr
- **Schweiz:** info.ch@france.fr

INTERNET

Viele Bars und Cafés in Paris bieten einen drahtlosen Internetzugang (Wi-Fi) für den mitgebrachten Laptop an. Manche Internetcafés rechnen nach Onlinezeit ab, in anderen wird Verzehr erwartet. In allen öffentlichen Parkanlagen in Paris ist der Wi-Fi-Empfang kostenlos.

MEDIEN

Neben den großen überregionalen französischen Tageszeitungen berichtet vor allem das Boulevardblatt **Le Parisien** aus der Hauptstadt. Die Tageszeitung **Metro**, die häufig am Eingang zu den Metrostationen kostenlos verteilt wird, bietet viele nützliche Informationen und Tipps.

NETZSPANNUNG

230 Volt. In den Hotels braucht man in der Regel keinen Adapter für deutsche Schukostecker.

NOTRUFNUMMERN

- Notruf/Erste Hilfe (SAMU): Tel. 15
- Polizei *(police)*: Tel. 17
- Feuerwehr *(pompiers)*: Tel. 18
- SOS Médecins (Arzt): Tel. 36 24
- Euro-Notruf: 112

SICHERHEIT

Wegen der vielen Taschendiebe sollte man Wertsachen zu Hause lassen und Geld möglichst nicht offen zeigen. Auch die Geldbörse sollte man zugriffssicher aufbewahren. Besonders in Acht nehmen muss man sich vor Diebstählen in der Metro. Der sicherste Parkplatz für das Auto ist die Hotelgarage.

Aufgrund der erhöhten Sicherheitsmaßnahmen in der Folge der Terrorattentate von 2015 muss mit verstärkten Kontrollen gerechnet werden, etwa mit Taschenkontrollen an Eingängen zu öffentlichen Gebäuden und Museen.

TELEFON

Öffentliche Telefonzellen, sofern noch vorhanden, funktionieren nur mit Telefonkarte (*carte téléphonique*, im Tabakladen erhältlich). Handys *(portable, mobile)* funktionieren problemlos.

Internationale Vorwahlen
- Deutschland: 00 49
- Österreich: 00 43
- Schweiz: 00 41
- Frankreich: 00 33

TRINKGELD

In Hotels und Restaurants sind 5–10 % des Rechnungsbetrags als Trinkgeld üblich. Das Gleiche gilt für Taxis.

ZOLL

Reisende aus EU-Ländern dürfen Waren für den persönlichen Bedarf zollfrei ein- und ausführen. Für Schweizer zollfrei sind Waren bis zum Gesamtwert von 300 CHF, zusätzlich 200 Zigaretten oder 50 Zigarren, 1 l Spirituosen über 15 % oder 2 l unter 15 % und 2 l Wein.

💬 URLAUBSKASSE

• Tasse Kaffee	3 €
• Softdrink	4 €
• Glas Bier	4 €
• Kugel Eis	2,50 €
• Tarte	4 €
• Taxifahrt (ca. 6 km, abends)	12 €
• Mietwagen/Tag (preiswerteste Saison)	45 €
• 1 l Superbenzin	1,65 €

REGISTER

Arc de Triomphe 101
Arènes de Lutèce 80
Avenue Montaigne 103

Basilique de
St-Denis 59, **141**
Bassin de la Villette 135
Bateau Lavoir 95
Beauvoir, Simone de 64,
118
Bibliothèque Nationale 91
Bofill, Riccardo 86, 125
Boltanski, Christian 64
Bon Marché,
Kaufhaus 118
Boulevard du
Montparnasse 124
Boulevard St-Germain 118
Boulevard St-Michel 111
Bourdelle, Antoine 103,
123

Cabaret au Lapin
Agile 95
Canal de l'Ourcq 135
Canal St-Martin 17, **137**
Catacombes 12, **125**
Centquatre 135
Centre Pompidou 128
Champ de Mars 107
Champs-Elysées 99
Château de Monte-
Cristo 144
Cimetière de
Montmartre 96
Cimetière du
Montparnasse 125
Cimetière du Père
Lachaise 139
Cité de L'architecture et
du patrimoine, 105
Cité des Sciences et de
l'Industrie 135
Collège de France 113

Comédie Française 46, **85**
Conciergerie 74

Delacroix, Eugène 62,
120, 151
Delanoë, Bertrand 53
Disneyland Resort
Paris 145
Dôme des Invalides 17, **107**
Dumas, Alexandre 144

Ecole Militaire 107
Eiffel, Gustave 105, 118
Esplanade des
Invalides 108

Fondation Cartier 125
Fondation Louis
Vuitton 15
Forum Les Halles 84
Franz I. 55, 60, 76,
91, 113

Galeries Lafayette 40,
87
Galerie Véro-Dodat 84
Galerie Vivienne 90
Gare de Lyon 134
Garnier, Charles 61, 87
Géode, Kino La 135
Giverny 145
Grand Palais 99

Haussmann, Georges-
Eugène 55, 59, 61, 118,
139
Heinrich IV. 60, 76, 130
Hemingway, Ernest 113
Hidalgo, Anne 53, 56
Hollande, François 56,
62
Hôtel de Cluny 111
Hôtel de la Païva 100
Hôtel de Sully 130

Hôtel de Ville 70
Hugo, Victor 62, 72, 113,
132

Ile de la Cité 70
Île St-Louis 116
Institut de France 75
Institut du Monde
Arabe 115

Jardin des Plantes 115
Jardin des Tuileries 79
Jardin du Luxem-
bourg 122
Jeanne d'Arc 54, 56

La Défense 16, **143**
Le Corbusier 142
Le Nôtre, André 60, 79, 141
Lido de Paris 101
Louvre 15, 17, 18, 59, **75**
Ludwig XIV. 55, 60, 75, 86,
90, 107, 120, 141
Ludwig XVIII. 77

Macron, Emmanuel 53
Madeleine-Kirche 86
Maillol, Aristide 118
Marché d'Aligre 40, **133**
Maupassant, Guy de 125
Medici, Katharina de 76
Medici, Maria de 77, 122
Mitterrand, François 56,
59, 62, 77, 143
Molière 85
Monet, Claude 17, 79, 146
Montmartre 63
Moreau, Gustave 151
Mosquée de Paris 114
Moulin de la Galette 95
Moulin Rouge 96
Musée Bourdelle 123
Musée Carnavalet 129
Musée d'Art moderne 104

Musée Delacroix 120
Musée de la Marine 105
Musée de la Mode et du
    Costume 103
Musée de la Mode et du
    Textile 79
Musée de la vie
    romantique 151
Musée de l'Orangerie 17,
    79
Musée de Victor Hugo 132
Musée d'Orsay 116
Musée du Luxembourg 122
Musée du Quai Branly –
    Jacques Chirac 106
Musée Galliera 103
Musée Guimet 104
Musée Gustave
    Moreau 151
Musée Jacquemart-
    André 16
Musée Maillol 118
Musée National du
    Moyen-Age 111
Musée Picasso 129
Musée Rodin 16, 80, **108**
Musée Zadkine 151
Muséum National
    d'Histoire Naturelle 114

Napoleon 55, 71, 77, 86,
    98, 101
Napoleon III. 55, 59, 61, 77
Notre-Dame 59, 62, **70**
Notre-Dame-du-Travail 125
Nouvel, Jean 64, 106, 115,
    125, 135

Opéra Garnier 47, **87**
Opéra national de Paris
    (Bastille-Oper) 46, **132**

Palais de Chaillot 104
Palais de Tokyo 104

Palais-Royal 90
Panthéon 113
Parc André Citroën 12
Parc de Belleville 139
Parc de la Villette 46, **134**
Parc des Buttes
    Chaumont 139
Passage des
    Panoramas 91
Passage du Cheval
    Blanc 133
Passage du Commerce
    St-André 121
Passage Jouffroy 91
Petit Palais 100
Philharmonie 17, 135
Picasso, Pablo 63, 95
Place Dauphine 74
Place de Catalogne 125
Place de la Bastille 132
Place de la Concorde 99
Place de la Madeleine 86
Place de Rhin et
    Danube 138
Place des Abbesses 96
Place des Fêtes 138
Place des Vosges 132
Place du Marché
    Saint-Honoré 86
Place du Marché
    Ste-Cathérine 130
Place du Tertre 93
Place Furstenberg 120
Place Vendôme 86
Pompidou, Georges 61
Pont Alexandre III. 108
Pont des Arts 75
Pont-Neuf 75
Portzamparc, Christian
    de 64, 135

Quai de Valmy 137
Quai St-Bernard 81
Quartier Amérique 138

Rodin, Auguste 108
Rue de la Gaîté 124
Rue des Rosiers 129
Rue du Faubourg-Saint-
    Honoré 86
Rue du Faubourg-
    St-Antoine 132
Rue Oberkampf 137

Sacré-Cœur 92
Sainte-Chapelle 59, **74**
Saint-Eustache 84
Sarkozy, Nicolas 58
Sartre, Jean-Paul 64, 110,
    118, 125
Scheffer, Ary 151
Site de création
    contemporaine 104
Sorbonne 112
St-Etienne-du-Mont
    113
St-Germain-des-
    Prés 119
St-Séverin 111
St-Sulpice 121

Théâtre des Champs-
    Elysées 103
Toulouse-Lautrec, Henri
    de 63, 96
Tour Eiffel 11, **105**
Tour Montparnasse 123

Versailles 141
Viaduc des Arts 133
Vierny, Dina 118
Vigne du Clos
    Montmartre 94
Villa Claude Monet 138
Villa Léandre 95
Villa Savoye 142

Zadkine, Ossip 151
Zola, Emile 62

BILDNACHWEIS

Coverfoto: Blick zum Eiffelturm, Paris © laif/Schwelle, Dagmar
Fotos Umschlagrückseite: Schapowalow/SIME/Canali, Pietro: (links); laif/Gardel, Bertrand (Mitte) Shutterstock/Müller, Christian (rechts)

Alamy/Mundus Images: 105; Fondation Louis Vuitton: 15; gemeinfrei: 63, 98; Huber Images/Kremer, Susanne: 50/51; Jahreszeitenverlag/Beckhäuser, Marion: 93; Jahreszeitenverlag/Bossemayer, Klaus: 76; laif/Blanchot, Philippe: 88; laif/Chatelin, Julien: 41; laif/Escudero, Patrick: 36; laif/EXPANSION-REA/Chatin, Jerome: 18; laif/Gardel, Bertrand: 8-2, 27, 48, 97; laif/hemis.fr/Maisant Ludovic: 68; laif/Heuer, Frank: 45, 109, 126, 140; laif/JARRY/TRIPELON/GAMMA-RAPHO: 22; laif/Schmid, Dorothea: 86; laif/Sonnet, Sylvian: 16; Lookphotos/age fotostock: 17; Lookphotos/Wothe, Konrad: 20/21; mauritius images/Alamy: 143; Pressebild/Arnaud_Frich_Photographie: 35; Schapowalow/SIME/Canali, Pietro: 71; Seasons Agency/GourmetPictureGuide: 29; Seasons Agency/Jalag/Beckhäuser, Marion: 78, 100, 133; Seasons Agency/Jalag/Kriwy, Natalie: 80; Shutterstock/Anton_Ivanov: 47; Shutterstock/Borisb17: 110; Shutterstock/Brizhatyuk Dmitry: 66/67; Shutterstock/Dijour, Elena: 115; Shutterstock/f11photo: 149; Shutterstock/Guillaume Louyot Onickz Artworks: 65; Shutterstock/Haldrian: 69; Shutterstock/Ignatova, Ilona: 87; Shutterstock/Kiev.Victor: 54, 83; Shutterstock/Kovalenkov, Petr: 121; Shutterstock/Levan, Anna: 39; Shutterstock/Marina99: 82; Shutterstock/Michailidis, Alexandros: 13; Shutterstock/Müller, Christian: 61, 127; Shutterstock/Nikonaft: 56; Shutterstock/Novikov, Aleksey: 32; Shutterstock/pisaphotography: 25; Shutterstock/Premier Photo: 42; Shutterstock/ronrapee: 14; Shutterstock/Sherifi, Macca: 10; Shutterstock/Suchan: 146; Shutterstock/UlyssePixel: 117; Stüben, Björn: 8-1; Unsplash/Towner John: 6/7; Valerio, Roberta: 9.

Liebe Leserin, lieber Leser,

wir freuen uns, dass Sie sich für diesen POLYGLOTT on tour entschieden haben.
Unsere Autorinnen und Autoren sind für Sie unterwegs und recherchieren sehr gründlich,
damit Sie mit aktuellen und zuverlässigen Informationen auf Reisen gehen können.
Dennoch lassen sich Fehler nie ganz ausschließen. Wir bitten Sie um Verständnis, dass der
Verlag dafür keine Haftung übernehmen kann.

Ihre Meinung ist uns wichtig. Bitte schreiben Sie uns:
GRÄFE UND UNZER VERLAG
Postfach 86 03 66, 81630 München, Tel. 0 89 / 419 819 41
www.polyglott.de

LESERSERVICE
polyglott@graefe-und-unzer.de
Tel. 0 800 / 72 37 33 33 (gebührenfrei in D, A, CH), Mo–Do 9–17 Uhr, Fr 9–16 Uhr

1. Auflage 2019

© 2019 GRÄFE UND UNZER VERLAG GmbH, München
Dieses Buch wurde auf chlorfrei gebleichtem Papier gedruckt.
ISBN 978-3-8464-0388-4

Bei Interesse an maßgeschneiderten B2B-Editionen:
gabriella.hoffmann@graefe-und-unzer.de

Bei Interesse an Anzeigen:
KV Kommunalverlag GmbH & Co KG
Tel. 089/928 09 60
info@kommunal-verlag.de

Verlagsredaktion: Anne-Katrin Scheiter
Autor: Björn Stüben
Redaktion: Martin Waller
Bildredaktion: Anna Rost
Mini-Dolmetscher: Langenscheidt
Umschlaggestaltung & Layout:
Independent Medien Design, München
Horst Moser (Artdirection), Lucie Heselich
Karten und Pläne: Theiss Heidolph und
Kunth Verlag GmbH & Co. KG
Satz: uteweber-grafikdesign
Herstellung: Anna Bäumner
Druck und Bindung:
Printer Trento, Italien

PEFC/18-31-506

Ein Unternehmen der
GANSKE VERLAGSGRUPPE

MINI-DOLMETSCHER FRANZÖSISCH

ALLGEMEINES

Guten Tag.	Bonjour. [bösehur]
Hallo!	Salut! [ßalü]
Wie geht's?	Ça va? [ßa wa]
Danke, gut.	Bien, merci. [bjē märßi]
Ich heiße …	Je m'appelle … [sehö mapäll]
Auf Wiedersehen.	Au revoir. [o röwoar]
Morgen	matin [matē]
Nachmittag	après-midi [aprämidi]
Abend	soir [ßoar]
Nacht	nuit [nüi]
morgen	demain [dömē]
heute	aujourd'hui [osehurdüi]
gestern	hier [jär]
Sprechen Sie Deutsch?	Parlez-vous allemand? [parle wu almā]
Wie bitte?	Pardon? [pardō]
Ich verstehe nicht.	Je ne comprends pas. [sehö nö köprā pa]
Sagen Sie es bitte nochmals.	Pourriez-vous répéter, s'il vous plaît? [purje wu repete ßil wu plä]
…, bitte.	…, s'il vous plaît. [ßil wu plä]
danke	merci [märßi]
Keine Ursache.	De rien. [dö rjē]
was / wer / welcher	quoi / qui / quel [koa / ki / käll]
wo / wohin	où [u]
wie / wie viel	comment / combien [komā / köbjē]
wann / wie lange	quand / combien de temps [kā / köbjē dö tā]
warum	pourquoi [purkoa]
Wie heißt das?	Comment ça s'appelle? [komā ßa ßapäll]
Wo ist …?	Où est …? [u ä]
Können Sie mir helfen?	Pouvez-vous m'aider? [puwe wu mäde]
ja	oui [ui]
nein	non [nö]
Entschuldigen Sie.	Excusez-moi. [äksküse moa]
Das macht nichts.	Ça ne fait rien. [ßa nö fä rjē]
Gibt es hier eine Touristeninformation?	Est-ce qu'il y a une information touristique ici? [äskilja ün ēformaßjö turistik ißi]
Haben Sie einen Stadtplan?	Avez-vous un plan de la ville? [awe wus ē plä dö la wil]
geschlossen	fermé [färme]

SHOPPING

Wo gibt es …?	Où est-ce qu'il y a …? [u äskilja]
Wie viel kostet das?	Ça coûte combien? [ßa kut köbjē]
Das ist zu teuer.	C'est trop cher. [ßä tro schär]
Das gefällt mir. / Das gefällt mir nicht.	Ça me plaît. / Ça ne me plaît pas. [ßa mö plä / ßa nö mö plä pa]
Wo gibt es hier eine Bank?	Où est-ce qu'il y a une banque ici? [u äskilja ün bäk ißi]
Ich suche einen Geldautomaten.	Je cherche un guichet automatique. [sehö schärsch ē gischä otomatik]
Geben Sie mir 100 g Käse.	Donnez-moi cent grammes de fromage. [done moa ßā gram dö fromaseh]
Haben Sie deutsche Zeitungen?	Avez-vous des journaux allemands? [awe wus de sehurno almā]

ESSEN UND TRINKEN

Die Speisekarte, bitte.	La carte, s'il vous plaît. [la kart ßil wu plä]
Brot	pain [pē]
Kaffee	café [kafe]
Tee	thé [te]
mit Milch / Zucker	au lait / sucre [o lä / ßükra]
Orangensaft	jus d'orange [sehü doräseh]
Suppe	soupe [ßup]
Fisch / Meeresfrüchte	poisson / fruits de mer [poassö / früi dö mär]
Fleisch / Geflügel	viande / volaille [wjād / wolaj]
Beilage	garniture [garnitür]
vegetarische Gerichte	cuisine végétarienne [küisin wesehetarjänn]
Eier	œufs [öh]
Salat	salade [ßalad]
Dessert	dessert [dessär]
Obst	fruits [früi]
Eis	glace [glass]
Wein	vin [wē]
Bier	bière [bjär]
Aperitif	apéritif [aperitif]
Wasser	eau [o]
Mineralwasser	eau minérale [o mineral]
Limonade	limonade [limonad]
Ich möchte bezahlen.	L'addition, s'il vous plaît. [ladißjö ßil wu plä]

MEINE ENTDECKUNGEN

....

....

....

....

....

....

....

....

....

....

....

....

....

....

....

....

....

....

CHECKLISTE PARIS

Nur da gewesen oder schon entdeckt?

☐ **PARISER ÜBERBLICK**
Von der Dachterrasse des Tour Montparnasse liegt einem die ganze Stadt zu Füßen. Grandios vor allem der Blick in Richtung Eiffelturm nach Einbruch der Dunkelheit. › S. 123

☐ **WÄNDE BEINAHE GANZ AUS GLAS**
Die Sainte-Chapelle wurde zur Aufbewahrung der Dornenkrone Christi errichtet. Die bunten Fenster lassen heute noch die Mystik der Inszenierung erahnen. › S. 74

☐ **KUNST IM PARK**
Frank Gehrys Bau für die Fondation Louis Vuitton im Bois de Boulogne ist so spektakulär, wie man es von diesem Architekten erwarten kann. › S. 15

☐ **GARTEN DER IMPRESSIONEN**
Kunst und Natur in Harmonie: In Giverny hatte Claude Monet nicht nur ein Landhaus bezogen, seine Lieblingsmotive, die Seerosen, lagen jetzt direkt vor der Gartentür. › S. 145

☐ **UNTERWEGS IM KUNSTTEMPEL DER SUPERLATIVE**
Den kompletten Louvre sehen zu können ist eine Illusion. Lassen Sie sich abseits der Touristenströme einfach treiben – und wertvolle Entdeckungen sind garantiert › S. 75

☐ **CRÊPES VON WELTKLASSE**
Der nicht mehr ganz so geheime Tipp: Gehen Sie ins Breizh Café im Marais. › S. 14

☐ **ZENTRALE BLICKACHSE**
Seit Präsident Mitterand reicht die alte Pariser Königsachse vom Louvre zur Place de la Concorde über den Arc de Triomphe hinaus bis zu den Hochhäusern der Vorstadt La Défense. › S. 16

💬 **MITBRINGSEL**

- **Perfektes Mandelbaiser:**
  Sortiment bunter Macarons von Ladurée › S. 38
- **Geschirr mit Karikaturen von Sem** aus der Boutique des Maxim's › S. 18